हम इक्कीसवीं सदी से आते हैं

महँगी कविताओं

का एक चयन

हम इक्कीसवीं सदी से आते हैं

महँगी कविताओं

का एक चयन

ओमा द अक्

वाणी प्रकाशन

प्रकाशन के उत्कृष्टतम 62 वर्ष

प्रथम संस्करण : 2025

vaniprakashan.com

वाणी प्रकाशन

4695, 21-ए, दरियागंज, नयी दिल्ली-110 002

फ़ोन : + 91 11 23273167, 23275710

शाखाएँ

अशोक राजपथ, पटना-800 004, बिहार

कॉफ़ी हाउस कैम्पस, महात्मा गांधी मार्ग, प्रयागराज-211 001, उत्तर प्रदेश

महात्मा गांधी अन्तरराष्ट्रीय हिन्दी विश्वविद्यालय, वर्धा-442 001, महाराष्ट्र

sales@vaniprakashan.in

vaniprakashan@gmail.com

Hum Ikkisavin Sadi Se Aate Hain
Mahangi Kavitaon Ka Ek Chayan

by Oma The Akk

ISBN : 978-93-7112-448-5
Poetry Collection

मूल्य : ₹ 395

जी.एस. ऑफ़सेट, दिल्ली-110 095 में मुद्रित

वाणी प्रकाशन का लोगो मक़बूल फ़िदा हुसैन की कूची से

समर्पित

विश्व के सबसे सुन्दर दो वृद्ध साहित्यकारों

आदरणीया डॉ. पुष्पा भारती जी

और

आदरणीय उदयप्रताप सिंह के लिए

प्रेरणा

भारत की मिलीजुली संस्कृति के नाम

अनुक्रम

भूमिका

कहते हैं, तारे गाते हैं। गहन सन्नाटा अपने खरहा-कान उठाये हुए जो सुनता है, वे सारी श्रुतियाँ-अनुश्रुतियाँ तारों की गायी हुई होंगी। सृष्टि की आदिलय गुँधी होती है उनमें ठाह, दुगुन, चौगुन–एक लय, जिसमें किसान अपनी जुती ज़मीन पर बीज छिड़कता है, एक और लय जो बारिश की होती है और तीसरी लय, जिसमें औरतें, मंगलगान गाती हुई अक्षत दूर्वा छिड़कती हैं नववधू पर।

ओमा जी की कविता में ये तीनों लयें अनुस्यूत हैं। जब सिद्ध मौन की उर्वर माटी पर ओमा जी अपने शब्द छिड़कते हैं, अलग-अलग स्रोतों से आये हुए शब्द–तो ये तीनों लयें घुमरीपरैया-सी खेलती जान पड़ती हैं। मूलाधार से सहस्रार तक जितने ऊर्जा-वर्तुल माने गये हैं, शब्दों के मेरुदण्ड पर भी वे तीनों लयकारियाँ खेलती-नाचती हैं, इनकी कविताओं में।

अलग-अलग स्रोतों से आये हुए शब्दों की बात मैंने की तो कुछ प्रमुख स्रोतों की चर्चा भी करती जाऊँ–पहला स्रोत तो स्वयं बनारस की गलियाँ हैं, दूसरा स्रोत आगम-निगम, शास्त्र-पुराण, तीसरा स्रोत सिने जगत्, चौथ उर्दू की कालजयी कृतियाँ और पाँचवाँ राजनीतिक दंगल। कुल मिलाकर इनकी कविता विरुद्धों का सुखद सामंजस्य है–बनारस का औघड़पन, लखनऊ की नफ़ासत, इलाहाबादी कुम्भ का दृश्य-सौष्ठव और गोरखपुर की गोरखबानी का अन्तर्नाद।

इसी सामंजस्य के कारण इस युवा कवि की भाषा एक अलग तरह से सधुक्कड़ी ठाठ की भाषा है, एक अलग तरह की सन्ध्या-भाषा है यह, जिसमें आगरा के नज़ीर अकबराबादी की अनुगूँजें भी आ मिली हैं।

तरह-तरह के अन्त:पाठों और गहनतम जातीय स्मृतियों से महमह ये कविताएँ कभी-कभी जन गीतों का भी आस्वाद मन में जगा सकती हैं, पर कहते वे इनको 'महँगी कविता' हैं तो शायद इसलिए जान अरपकर जो बेख़ुद हासिल हो, इनकी कविता वहीं से फूटी है।

इनकी ज़्यादातर राजनीतिक कविताएँ सात्त्विक आक्रोश की कविताएँ हैं। सात्त्विक आक्रोश करुणा की बड़ी बहन कैसे है, यह बात वाल्मीकि के समय से जगज़ाहिर है। क्रौंच-वध पर पहली प्रतिक्रिया सात्त्विक आक्रोश की ही थी, पर तत्काल बाद उसका उन्नयन बृहत्तर करुणा में हो गया। टेक ऑफ़ पॉइंट जीवन-जगत की विडम्बनाओं पर एक विकट तिलमिलाहट से होता है पर जैसे ही कविता उड़ान भरती है, यही तिलमिलाहट परिणत हो जाती है उस मर्मभेदी, थिराई दृष्टि में जिसके चलते साहित्य 'कान्तासम्मत उपदेश' बन जाता है— स्निग्ध और बंकिम। (मम्मट के अनुसार, वेद अगर देवसम्मत उपदेश हैं, पुराण मित्रसम्मत उपदेश और साहित्य मान-मनुहार और रस-ध्वनि के सम्पूर्ण वैभव के साथ अवतरित कान्तासम्मत उपदेश!) ग़ौरतलब यहाँ यह है कि कान्ताओं को ओमाजी के रूप में एक पुरुष जब कान्तासम्मत उपदेश देता है तो उसकी भी तुर्शी झड़ जाती है और उसकी आँखें दैनन्दिन जगत में ही नहीं, इतिहास-पुराण में भी व्याप्त भेद-भाव की संरचनाएँ रेखांकित करती हुई माँ की आँखें ही हो जाती हैं। 'अप्प दीपो भव' जैसा ही कवि कुछ स्त्रियों से कहता है पर उसकी आलोचना की परिधि में बुद्ध की वह शुरुआती हिचक भी है जो उन्होंने स्त्रियों के संघ में प्रवेश पर दिखाई थी। (गहराई से देखें तो बुद्ध को संशय स्त्रियों पर नहीं था, पुरुष-चित्त की निग्रह-वृत्ति पर था। कारण जो भी हो, पर बुद्ध का आरम्भिक संकोच एक ऐतिहासिक सत्य तो है ही जो स्त्री को चेतना उद्दीप्त करने वाली ऊर्ध्वमुखी त्वरा के रूप में नहीं चीन्हता, चीन्हता भी है तो उस पर उसका कामिनी वाला पक्ष हावी पाता है।) स्त्री के सिवा दलित और अल्पसंख्यक प्रश्न पर भी इनकी दृष्टि उतनी ही उदार है जितनी किसी कवि की होनी चाहिए। कवि होने की तो शर्त ही है परकाया प्रवेश कुछ इस तरह 'अयं निज: परोवेति' (मेरा-तुम्हारा, अपना-तुम्हारा) का भाव पूरी तरह तिरोहित ही हो जाये। सत्य एकमुखी रुद्राक्ष नहीं, अनन्त आयामों वाला हीरा है जिसे हर आयाम में परखना होता है–कवि होने की प्राथमिक शर्त ही यही है कि वह सत्य के सभी आयाम उजागर करे, परकायाप्रवेश की इसी क्षमता के चलते जिसे कीट्स 'नेगेटिव कैपेबिलिटी' कहते हैं। कवि सत्य के सब पक्ष उजागर करता है पर खड़ा वह उसी के साथ होता है जो तकलीफ़ में है। सनातन अगर सनातन है तो वह वर्तमानसजग भी उतना ही होगा जितना अतीतसजग या भविष्यबोधी। स्मृति हो या स्वप्न, अतीत या भविष्य–जगत-समीक्षा या आत्म-समीक्षा का प्रयाणबिन्दु तो वर्तमान ही होता है।

वर्तमान की विडम्बनाएँ ही वह अमवा की डाल है जहाँ टेक पाकर बनारसी ठाठवाले इस सर्वसमावेशी युवा कवि के मन का झूला टँगा है–सुदूर सनातन स्मृतियों से लेकर आगे फूलने वाले वंचित सपनों तक ऊँची पींगें भरता हुआ। तभी तो सब तरह के अंत:पाठों से इनकी कविता रलमल है–क्या मीर, क्या ग़ालिब, क्या तुलसी, क्या सूर। सब तरह की भाषिक संस्कृतियों से ही नहीं, सब तरह के आयु-संवर्गों से इनका अन्तरंग संवाद है। कई तरह की गपशप से, रेडियो-संगीत, फ़ेसबुक, सिनेमा की दुनिया से भी कई जीवन्त अन्त:पाठ इनकी कविता में तिर आते हैं और इससे इसका ध्वनि-वैभव बढ़ता है। एक समधीत, आत्म-सजग व्यक्ति की नागरिक चेतना का सजग साक्ष्य वहन करती हैं इनकी वे कविताएँ जहाँ युद्ध, दंगे, पर्यावरण के प्रश्न अपनी पूरी विकरालता में चित्रित हैं। कुल मिलाकर इनकी कविताएँ हमें इस बात के प्रति आश्वस्त रखती हैं कि कविता हमारे यहाँ हर जीवन प्रसंग में पवन-पानी की तरह परिव्याप्त है तो जीवन में रस और ध्वनि के सोते सूखेंगे नहीं और पोएटिक जस्टिस की तलाश एक बड़ा प्रश्न हमेशा ही बनी रहेगी।

—अनामिका

साहित्य अकादेमी पुरस्कार से पुरस्कृत लेखिका

इतिहास बोध और लोकानुभूति

ओमा द अक् की 'महँगी कविता'

श्री ओमा द अक् जी की कविताएँ मेरे पास सबसे पहले फ़ेसबुक के माध्यम से ही आयीं। इन कविताओं से परिचय के बहाने धीरे-धीरे मैं ओमा जी के व्यक्तित्व से परिचित हुआ जो इन कविताओं की तरह ही अनायास प्रस्फुटित और सम्मोहक है। पिछले वर्ष उनकी कविताओं का एक संकलन 'महँगी कविता' के नाम से वाणी प्रकाशन से प्रकाशित हुआ। तब वह कविताओं से अधिक अपने महँगे दाम के कारण अधिक चर्चित रहा। हिन्दी में ग़रीबी को एक मूल्य की तरह वापरा जाता है उसमें 'महँगी कविता' का मँहगा प्रकाशन तो सीधे-सीधे पूँजीवाद के सरोकारों को बढ़ावा देने वाला काम है। आवारा पूँजी के निर्बाध विचरण से यदि साहित्य का क्षेत्र अछूता रह गया था तो इस संकलन ने वह काम भी पूरा कर दिया है। यह प्रकाशन निस्सन्देह और्नामेंटल है। तब, कविता पर दृष्टि ही क्यों जाये। वह अपने डीलक्स संयोजन में अतिविशिष्ट और आलोचना से परे हो जाती है। लेकिन जब बात साहित्य के नज़रिये से होगी तो इस पर तंज़ कसे जायेंगे और यह भी कि उसका महँगा होना ही उन कविताओं के लिए अपराध हो जायेगा। अभी हिन्दी संसार इतना विकसित ही नहीं हुआ है कि वह ऐसे मायावी रूपसंजाल को अपनी फटी झोली में अँटा लेने की जुगत कर सके। कविता को महँगे सस्ते के रूपक से तौल कर नहीं देखा जा सकता क्योंकि ये भाव-ताव के शब्द बाज़ार के हैं, कविता के संसार से सर्वथा बाहर। महँगी कविता इसलिए महँगी है कि उसे महँगे काग़ज़ पर छापा गया है, अथवा कवि ने अपने तईं उसे बहुत महँगा मूल्य देकर अर्जित किया है? यदि महँगे काग़ज़ पर छापा गया है तो फिर किनके लिए छापा गया है? यानी यह किस लिहाज़ से महँगी है–यह बड़ा सवाल है। उन्होंने इसी नाम की कविता में कहा है कि—

मेरी कविताएँ बहुत महँगी हैं
जैसे महँगी है प्रेमी की नींद
धनिक की स्वतन्त्रता
निर्धन की आवश्यकता
रोगी की जीवटता
भोगी की भक्ति
योगी की शक्ति
उपवन का फाग
क्रान्ति की आग

यहाँ उपमा कई तरह की गलियों से गुज़रती हुई 'भादों में रवि' और 'निर्भीक कवि' की महँगाई तक चलती है जो ज़ाहिर है कवि के एक सरल व्यक्तित्व की उपज है। उसमें बहुत मानी नहीं खोजा जा सकता। लेकिन यह ज़ाहिर है कि एक निर्भीक कवि बहुत महँगी क़ीमत पर मिलता है, क़रीब क़रीब अनुपलब्ध। इसलिए बहुत महँगा।

बहर-कैफ़, मैं यह भी देखता रहता हूँ कि ओमा जी की वक्तृता और वैचारिकी का सुन्दर संयोजन उनकी अनेक कविताओं के संवेदन सूत्रों में भी बिखरा हुआ है।

मुझे लगता है कि उनकी कविता की बनावट में उनके जीवन संस्कारों का बहुत गहरा प्रभाव है जिसे उन्होंने साहित्य सिनेमा और धार्मिकता के त्रिकोण से जुड़कर अर्जित किया है। उन्होंने अपनी पुस्तक 'महँगी कविता' की भूमिका में लिखा है—"मैं कभी सिनेमा की भाषा से जीवन समझता तो कभी साहित्य की भाषा से परन्तु सबसे अधिक जीवन की समझ तो मुझे तथाकथित निर्जीव पाषाण देवविग्रहों से ही प्राप्त हुई है।"

कविताओं को लेकर ओमा जी के पास एक समझ है जो नियति को समझती है। और उन्हें लगता है कि इस समय बोध के भीतर ही कविताओं का अस्तित्व है उसके बाहर नहीं। अपनी एक कविता में कहते हैं—

बचपन में मेरे पास
अनन्त कविताएँ थीं
पर तब मेरे पास

नहीं थे शब्द
उनकी अभिव्यक्ति के लिए
यौवन में मेरे पास
अनेक शब्द थे
पर तब मेरे पास
नहीं थीं कविताएँ
उनके सूत्र के लिए
आज प्रौढ़ होने पर
हैं मेरे पास
अनेक कविताएँ
और अनगिनत शब्द
उनकी अभिव्यक्त के लिए (पृ. 227)

लेकिन कवि को यह भय है कि एक दिन धीरे-धीरे उसका अस्तित्व रसहीन हो जायेगा, इसलिए कम से कम मौन के रहस्यमय काव्य में अपनी कविताओं को सम्भालकर रख लेना चाहिए। इसी के बरअक्स 'नदी तीन' नामक कविता ने उन्हें उस प्रवाह का भी ध्यान है जिसमें समय निरपेक्ष रूप से आगे बहता चलता है—

नदी देख रही है
असभ्यता का विस्तार
सभ्यता के आवरण में
कुसंस्कृति का प्रवाह
संस्कृति का ध्वज उठाये
धूर्तता की बाढ़
सूचना का कोलाहल करते
किन्तु नदी फिर भी
चुपचाप बह रही है
क्योंकि सब बह जो जायेगा
कभी न कभी ...(पृ 225)

स्वयं कवि को भी अपनी सीमाओं का अनुभव है कि जीवन का वैचारिक संघर्ष सच और झूठ की समझ से चलता है और उसमें अपनी राह स्वयं बनानी होती है—

झूठ बोलता हूँ/ताकि लोग जी सकें
झूठ बोलता हूँ/ताकि ख़ुद जी सकूँ..

सच तो सिर्फ़ चुप्पी में बसेगा
बिना वजह दुनिया ज़िन्दगी को झूठ
और मौत को सच नहीं कहती
क्योंकि मौत मुसलसल चुप्पी के सिवाय और है क्या
दरहक़ीक़त मैं झूठा नहीं हूँ
सिर्फ़ सच की धार से घबराता हूँ
इसलिए बोलते बोलते भी नहीं बोल पाता हूँ। (पृष्ठ 178)

ओमा जी का चिन्तन और उनके कार्य समाज सेवा-साहित्य और एक नयी तरह की समावेशी आध्यात्मिकता के परिचायक हैं। फ़िल्म-संगीत-उद्यमिता-राजनीति-शिक्षा-साहित्य क्रीड़ा-विधि-पुरुषार्थ के लोगों से उनकी सुन्दर मैत्री है। उनकी अदाएँ मोहक हैं और उनकी वाग्वैखरी अपने नये तर्क पथ पर आपको खींचती चलती है। काशी की रस-परम्परा का एक सरल सहज सुन्दर विमोहक और शैव स्वरूप उनमें झिलमिलाता रहता है। उनका राजनीतिक बोध, उनका इतिहास बोध और उनका धर्म बोध आपकी सहमति-असहमति से अलग चलता रहता है। मुझे लगता है कि कुछ बातें आयुसाध्य भी होती हैं। उनकी राजनीतिक बातें मुझे वैसी ही लगती हैं—उत्कर्ष के लिए प्रतीक्षारत। कविताएँ तो वो लिख रहे हैं अनायास। वह कहते हैं कि कविताएँ चुपचाप उनके पास चली आती हैं और विवश कर देती हैं। उन्हें यद्यपि कोई साहित्यिक स्पृहा नहीं है, न किसी जमात में शामिल होने की पड़ी है। वह बाहर से एक मनमौजी घुमन्तू आत्मा हैं। पर, भीतर से द्विज-चातुर्य भी जानते ही हैं। यों तो उनकी महदाकांक्षा पर निःस्वता हावी है लेकिन उनमें काशीत्व भी विद्यमान है ।

मैंने सुना है, वह मिर्ज़ा ग़ालिब पर भी बोलते हैं और तुलसीदास पर भी। उनकी पकड़ जँचती है। जुड़े तो वो सबसे हैं लेकिन उनकी दिलचस्पी के क्षेत्र

बहुत अलग हैं। एक तरफ़ लता मंगेशकर से उनके सम्बन्ध रहे हैं दूसरी तरफ़ मुलायम सिंह और शिवपाल जी से भी। लिखने में भी अचूक क्षमता से लिखते हैं। सभी उनकी पहुँच का अनुमान लगाते रहते हैं। वह पंडितों-ज्ञानियों-ध्यानियों-साहित्यकारों-कलाकारों में निरन्तर विरमते चलते हैं। इसी तरह विरमते हुए एक दिन मैं भी उनसे टकरा गया। प्रतिभा का सुख क्षणभर के लिए भी मिले तो वही मुझे भाता है। फिर मैं जजमेंट नहीं करता। यही बात स्वामी ओमा जी में भी मैंने देखी। वो बँधे नहीं हैं खुले हैं उन्मुक्त। आजकल उन्होंने अपना बाहरी स्वरूप बदल लिया है लेकिन आन्तरिक चेतना वही है। हम लोग देखते दोनों रूपों को हैं लेकिन आन्तरिक 'आई डी' ही असली 'पासवर्ड' है। वो चाहे सुकेशी वेश में दिखें या मॉडल के रूप में–वो हैं अनूठे और अलग। मुझे उनकी मधुर मस्ती प्रभावित करती है। 'महँगी कविता' नामक कविता संकलन उनकी स्वभावगत मधुरिमा का अन्वेष रचता है जिसमें तरह-तरह की कविताएँ मन को लुभाती हैं। इसमें उनके किशोरावस्था के स्वप्न हैं और प्रौढ़ावस्था के वैचारिक प्रस्थान भी। उनकी भाषा की व्याप्ति भी तदनुसार सुकुमारावस्था से आगे बढ़ती हुई विमर्श की ओर चलती दिखती है।

अब सवाल यह है कि इन कविताओं को कैसे देखा जाय। एक तरीक़ा तो सामान्य अवलोकन का है ही। उसमें हम हर ऐसी रचना का स्वागत करते हैं जो लीक से हट कर कुछ नया रचती प्रतीत होती है। मैं यह तो नहीं कहूँगा कि आजकल प्रकाशित काव्य-संग्रहों में प्राय: नब्बे प्रतिशत कूड़ा होती हैं, लेकिन यह तो है कि जो मुझे ठीक-ठाक दिखती हैं उसमें काव्यभाषा पर ही मैं अधिक ध्यान देता हूँ। काव्यभाषा न केवल कविता की निर्मिति को स्पष्ट करती है बल्कि वह कवि की काव्यानुभूति और उसके मनोविज्ञान तक भी ले जाती है जिससे हम कवि के रचयिता मन की अकुलाहट को साफ़ देख पाते हैं। सोशल मीडिया के प्रचलित हो जाने से फ़ेसबुक पर भी आजकल हिन्दी में तरह-तरह की कविताएँ सामने आ गयी हैं। अनेक तरह की रचनाएँ जो अन्यथा सामने नहीं आ सकती थीं उन्हें भी हम देख पा रहे हैं। एक लौकिक संवेदना कविता की शक्ल में अपनी संभावनाओं को तीव्रता से मुक्त करती हुई अचानक फ़ेसबुक पोस्ट के कारण प्रकट होती है। मानो फ़ेसबुक अन्तहीन पृष्ठों वाली असम्पादित एक साहित्यिक पत्रिका हो और उसमें कैसी भी रचना को आने की एक वैधानिक छूट हो। इस तरह ये रचनाएँ अपनी स्वीकृति स्वयं बनाती चलती हैं। कविगण भी तरह-तरह

की ईहाओं से चालित हैं। प्राय: कविता की कोई देशी रवायत नहीं दिखती। इसके कारण कविता की सारी समझ बिखराव के रास्ते पर है। परम्परा की गहरी समझ के अभाव में हिन्दी कविता का विकासक्रम किंचित टूटा हुआ है। इसलिए कुछेक अपवादों को छोड़ दें तो काव्य परिदृश्य धुँधला नज़र आता है। साहित्य काम और उसमें भी कविता का काम अधिक सावधानी की माँग करता है। जहाँ कविता लिखना अन्य विधाओं की तुलना में सबसे सरल काम है वहीं पर यह सबसे गम्भीर काम भी है। एक तरफ़ यह विधा आपको साहित्य के डिज़्नी वर्ल्ड के लिए टिकट घर की तरह प्रवेश का दरवाज़ा खोलती है तो दूसरी तरफ़ आपसे वहाँ बने रहने के लिए एक तकनीकी समझदारी की माँग भी करती है।

काव्यभाषा के स्तर पर कविकर्म का सम्यक निर्वाह ज़रूरी है, और सम्भावनाशील कवियों की प्रतिभा का सही मार्गदर्शन काव्यगुरुओं का दायित्व होता है। हिन्दी में ब्रजभाषा कविता और रेख़्ता शायरी की तरह परम्पराबोध रहा है, जो छायावाद के बाद तक खड़ी बोली कविता में भी दिखा। पिछली सदी के पूर्वार्द्ध में प्रयाग, काशी, दिल्ली, लखनऊ जैसे केन्द्रों से बड़ी कविता परम्पराएँ और कवि-सम्पादक उत्पन्न हुए, पर नयी कविता के बाद पारम्परिक संस्थाएँ कमज़ोर हुईं, कविता लोक से कटकर पठनीय हो गयी, जिससे छन्द और लय प्रभावित हुए। नवगीत आन्दोलन ने प्रतिक्रिया स्वरूप सीमित शिल्प अपनाया, जबकि अस्सी के दशक में छन्दविहीन गद्यनुमा कविताओं और वाम राजनीति के मेल से एक नई धारा उभरी। शताब्दी के अन्तिम वर्षों में कविता बहुवचनीय हुई, विखण्डनवाद और बहुसंस्कृतिवाद के प्रभाव से दलित, स्त्री और आदिवासी स्वरों का उदय हुआ। इक्कीसवीं सदी में कविता कभी फ्लार्फ जैसी प्रतीत होती है—रूप के विरूपण की ओर बढ़ती, बिना किसी निष्कर्ष के। सोशल मीडिया के प्रभाव से भाषा और बिम्बों में विविधता तो आयी, पर आलोचना अब भी इसके मूल्यांकन में पिछड़ रही है, या तो उपेक्षा करती है या संशय में रहती है।

इसलिए जब हम ओमा जी जैसे कवियों की कविताओं को देखते हैं तो सहसा इसके स्रोत का अन्दाज़ा लगाना कठिन हो जाता है। अनेक ढब की कविताएँ उनके पास हैं जो जीवन के सौन्दर्य को अलगा कर या बाँट कर नहीं बल्कि उसे सजग रूप से परिपचित करने की चेष्टा से पैदा हुई हैं। यह संकलन उनके किशोर स्वप्नों की इन्द्रधनुषी आभा से प्रकाशित है जिसमें दृश्य का बहुरंगी संयोजन करने की किशोर चेष्टाएँ और मनोवैज्ञानिक प्रविष्टियाँ हैं। गम्भीरता से

देखने पर लगता है कि बन रही कविता की धातु में ये सभी चीज़ें गड्डमड्ड हो गयी हैं और एक साहित्यिक संकलन का मुकम्मल प्रभाव नहीं छोड़तीं। मैं इसे साहित्यिक प्रभाव की दृष्टि से अपरिपक्व संकलन कहूँगा लेकिन उन्हीं अर्थों में जिसमें कोई सम्भावना अपने बीज रूप में पूरी तरह विद्यमान होकर भी अपूर्ण रहती है। कवि को पहला संकलन लाने के लिए एक साहित्यिक छूट देकर यह आशा करूँगा कि आगामी संकलन में वह इन बातों का ध्यान रखेंगे।

इस संकलन से गुज़रने पर यह तो दिख जाता है कि वह इतिहास के अँधेरे एवं मलिन खण्डहरों में भी झाँक लेते हैं और मन्दिर शिखरों के उजालों को भी निहार लेते हैं। अनेक बार ऐसी कविताओं को भी मैं देखता हूँ जिनमें काव्यभाषा के स्तर पर बहुत सजगता न होने पर भी सरल विधान का छन्द उनकी कविता को आकार देता है जिससे पाठक प्रभावित होता है। यह उनकी सरलाभिव्यक्ति का प्रवाहमय गुण है जिसे उनकी अधिकांश कविताओं में देखा जा सकता है। शब्द संयोजन में वह सामान्यतया हिन्दुस्तानी के प्रेमी हैं जब तक तत्सम की कोई आवश्यकता या दबाव न हो; वैसा दबाव होने पर वह उसे सरलता से अपनाते भी हैं। उनकी कविताओं का एक गुण है संवादमयता। वह अपने पाठकों से आभासी संवाद करते हुए चलते हैं। इसलिए कई बार उनमें पैराफ्रेजिंग भी है जो कविता को डाइल्यूट कर देती है। सम्भव है कि ये रचनाएँ उनकी प्रारम्भिक रचनाएँ हों जिन्हें संकलन में दे दिया गया है।

जब पहली बार मैंने ओमा जी की कविताएँ फ़ेसबुक पर पढ़ी थीं तो मुझे लगा कि यह कवि कविता की जातीय ज़मीन से जुड़ा हुआ है। उसमें काशी प्रचलित भोजपुरी या काशिका का उचित सन्निवेश है और उसे छन्द विधान का भी पता है।

ओमा जी की कविता के अनेक स्वर हैं जिसमें सामाजिक विडम्बनाओं का बोध अधिक है। कभी-कभी उनकी कविता किसी दार्शनिक विचार से प्रकट होती है जिसमें सत्यानुसन्धान की काव्योचित भंगिमा दिखती है और एक उत्कट प्रयत्न भी।

हम जानते हैं कि भारतीय कविता का एक बड़ा काम धर्म-मीमांसा भी है लेकिन वह मीमांसा भारतीय अवचेतन में पड़े दार्शनिक सूक्तियों का निर्वचन नहीं करती बल्कि उसे रसात्मक अमृत की तरह परोस कर सर्व जन सुलभ बनाने का उपक्रम है। ओमा जी, कविता में भी एक प्रबल धर्मानुभूति है जो अपनी

अभिव्यंजना में सर्वहितकारी बने रहना चाहती है। वह वैसा बनी रह सकती है यदि कवि की बाहरी आकांक्षाओं से चालित दलगत राजनीति की अभीप्सा स्पर्श न करे। पर, हम जानते हैं कि कवि भी एक नागरिक के बतौर मतदाता होता है इसलिए उसके पास राजनीति से बचने का कोई उपाय नहीं। और, यह भी तो है कि कवि की कविता भी अपनी राजनीति को प्रकट करती ही है। भले ही लोहिया जी के शब्दों में उसे दीर्घकालीन राजनीति कहा जाये। ओमा जी की काव्यानुभूति भारत की सांवैधानिक समावेशिता की छाया में विकसित होने वाली धर्मनिरपेक्ष सदाशयता को ग्रहण करके चलती है। उसमें सनातन के गैरिक स्वरों के साथ इस्लाम की हरीतिमा भी झाँकती है। यह अच्छी बात है कि उनके पास बहुधार्मिकता के लिए स्पेस बचा हुआ है जिसमें ज़माने की राजनीति की चेष्टाएँ भी हैं और उनका इतिहास बोध भी है। कभी-कभी यह टकराहट उनकी कविताओं में और वैचारिक तल्खी उनके वक्तव्यों से ज़ाहिर भी होती है। 'तहज़ीब' कविता में वह भारत में इस्लामी हमलावरों की ओर स्पष्ट कहते हैं।

ओमा जी की गहरी दिलचस्पी उर्दू शायरी में भी है। इस तरह मुझे दिखा कि कविता का एक प्रारब्धभाव ओमा जी की कविता में प्रतिभा की सुगन्ध की तरह व्याप्त है जिसे विकसित करने के लिए उन्होंने सायास प्रयत्न नहीं किया है। बस, वह उनके पास संस्कार रूप में चला आया है।

इस कविता के प्रकाशन से यह साफ़ हो गया है कि उनकी कविदृष्टि अनेक रुचियों में कुसुमित और भाषिक रूप से विकसनशील है। 'वॉट्सऐप' और 'ड्यूड' जैसी फ्लार्फ कविताएँ भी उनके पास हैं जिसमें अंग्रेज़ी के बोल-चाल के शब्द ठीक उसी तरह से प्रकट हुए हैं जैसे वो आज कल हमारी हिंग्लिश में प्रकट होते हैं।

'आधार कार्ड', 'कुत्ते', 'डाकिया', 'चक दे इंडिया' जैसी अनेक कविताएँ हैं जो बोलचाल के माध्यम से सटीक और गहरी व्यंग्यपूर्ण रचनाएँ उभरती हैं जिसमें अनुभव के स्तर पर ओमा जी की कविता का फैलाव दिखता है दूसरी तरफ़ उसे पकड़ने की भाषिक जद्दोजहद भी। साथ ही उनके पास एक सन्तुलित इतिहास दृष्टि भी है जो तार्किक संगति के लिए बहुत ज़रूरी होती है। उनकी यह समझ पन्थनिरपेक्ष अधिक है क्योंकि उनकी कविताई में सर्वधर्म समभाव का रूपक विद्यमान है। लेकिन उनके उत्कट इतिहासबोध में यह बात साफ़ तौर पर दिख जाती है जब वह इतिहास के खलनायकों की लानत मलामत करते हैं—

ज़ाहिल कबीलों के दरिन्दे जब इधर आये
रेशम के कपड़ों में लपेटे वहशतें लाये
परचम हरा था पक लहू से सुर्ख़ रहता था
पढ़ने का दावा थाम हर इक मूर्ख रहता था
बदकारियाँ मक्कारियाँ ये क़ौम ले आयी
हैरत कि उस पे दावा था इनका शहनशाई
हमने अमन के वास्ते ख़ुद को ही समझाया
वहशी लुटेरी कौम को भाई सा अपनाया
लेकिन करें तरबियत ही जब बुरी हो तो
भाई के हाथों में छुपी ज़हरी छुरी हो तो। (पृष्ठ 52)

यह कविता 2019 की है जिसके विषय में कोष्ठक में लिखा है—इस देश में चल रही इकतरफ़ा गंगा-जमुनी धारा के नाम। पूरी कविता भारत में हिन्दू मुसलमानों के बीच शताब्दियों से चल रही भाईचारे की वास्तविक तस्वीर को खोलकर रख देती है। इससे यह स्पष्ट है कि उनकी इतिहास दृष्टि मलिन नहीं है और उन्हें यथार्थ की सीधी पकड़ है। इसी इतिहास दृष्टि का विकास उनकी लम्बी कविता 'मुग़ल लास्ट' में भी है जिसका पहला शब्द ही 'लुटेरा' है। यह एक तरह से हिन्दुस्तान के मध्यकालीन गलियारों में होने वाली सेंधमारी का ऐसा वर्णन है जिसमें पूरी मुग़ल बादशाहत कटघरे में खड़ी है। अभी हाल ही में औरंगज़ेब को लेकर जो विवाद छिड़ा था उस हिस्से पर रोशनी डालती ये चन्द पंक्तियाँ ओमा जी की इतिहास दृष्टि को साफ़ दिखाती हैं—

क़लम कर सर 'शराफ़त' का बना वो बादशाह हिन्दी
वो इक रंग का क़ातिल
जो औरंगज़ेब कहलाया
बहाता ख़ून के दरिया
किये मैली जमन गंगा
पहनकर चोले वलियों के
जो नाचे नाच वो नंगा
कि सारे हिन्द में नफ़रत की आँधी ही चली आयी
लगे एक दूसरे का ख़ून पीने भाई और भाई।

मगर वो भी कसाई ख़ुद को 'आलमगीर' जो
कहता बड़ा बेबस, बड़ा लाचार, यम के पाँव से कुचला
मिला मिट्टी में आख़िर को
उसी मिट्टी का एक पुतला... (पृष्ठ 263)

लेकिन इस इतिहास दृष्टि की भी अपनी सीमाएँ हैं। भारत के विद्या संस्थानों में पड़े हुए लिबरल और समझदार युवाओं के भीतर नवऔपनिवेशिक मूल्य भी इस क़दर गहरे छिपे हुए हैं कि उन्हें विधर्मी मूल स्रोतों पर कभी संशय नहीं होता जिनके कारण मज़हबी उन्माद फैलाते हैं और हमलावर बनते हैं। यहीं पर यह कविता अपना अवसान करती है। इन सीमाओं के रहते हुए भी यह मानना होगा कि ओमा द अक् एक कवि के बतौर भारत के मध्यकालीन इतिहास और उसकी ज़्यादतियों से न केवल वाक़िफ़ हैं बल्कि अपनी शायरी में उसकी पुरज़ोर मज़म्मत और मुख़ालफ़त भी करते हैं।

इस संकलन में बनारस को लेकर बहुत सुन्दर कविताएँ दिखती हैं जो उनके पर्यवेक्षण की गवाह हैं। प्रतीत होता है कि उनका यह शहर उनकी अन्तरात्मा में फैल गया है। उसके पास बनारस को लेकर अनेक रंग हैं। कोलाहल है, मौन है, सुबह की हवा है, गलियाँ हैं, चौक चौबारे हैं। यह आकर्षक लगता है। एक सुकवि होने के लिए देशकाल में बँधा हुआ ठाँव ज़रूरी है, एक गाँव ज़रूरी है। कोई शहर चाहिए, क़स्बा चाहिए। उसके बिना कविता को ज़मीन नहीं मिलती। हिन्दी कविता की यह जातीय सुगन्ध है। ओमा जी बार-बार यहाँ लौटते हैं और लोकभाषा में भी ठहरते हैं। यहाँ पर मुझे उनसे आशा होती है। हमें स्थानिकता के मुरझाते आँचल को धूप-बारिश दिखानी पड़ती है मनुष्य के रूप में भी और कवि के रूप में भी। इससे कवि अपनी विश्वसनीयता अर्जित करता है और पाठक को सौंपता है। पर कभी-कभी उनकी उपमाएँ चौंकाती हैं। उन्होंने बनारस में दो बनारस को देखा है एक पुराना बनारस है जो अलग ढंग का है जिसका मंज़र पाकीज़ा है और गलियाँ सँकरी। इसी के पास एक नया बनारस है जिसकी गलियाँ साफ़-सुथरी हैं सड़कें चमचमाती हुई। इस बनारस को न मन्दिर से मतलब है ना देव के दर्शन से। यह एक बदला हुआ सा चमकता-दमकता शहर बनारस है। उसके लिए वह उपमा देते हैं—

जैसे तवायफ जो बाहर से कुछ और भीतर कुछ है (पृष्ठ169)

मुझे यह उपमा बेढंगी लगती है। लेकिन फिर भी एक दूसरी कविता 'बनारस फोटो' में वो कहते हैं—

हाथ में कैमरा लिए
बार-बार खींचता हूँ बनारस को मैं
बार-बार खींचता है बनारस मुझको
वही गलियाँ
वही सीढ़ियाँ
वहीं मन्दिर
वहीं मज़ार
वही लोग
वही रोज़गार
मगर, कुछ तो है
जो यहाँ रोज़ के रोज़
बदलता जाता है
कुछ तो है
जो इतना बदलने पर भी वही
रह जाता है। (पृष्ठ 173)

इस तरह जो किसी तरह बचता गया है, उसी की गवाह ओमा द अक् की यह 'महँगी कविता' है। उनको साधुवाद।

—प्रो. आनन्द कुमार सिंह
ग़ाज़ीपुर।

साधु-उद्विग्नता की कविताएँ!

ग्रन्थ समीक्षा : ओमा द अक् की 'महँगी कविता'

बनारस से कभी 'कवि वचन सुधा' का प्रकाशन हुआ था अब उसी बनारस से साधु कवि की उद्विग्नता भरी कविताएँ प्रकाशित हुई हैं। कविता में साधुता इन कविताओं का मूल भाव तो है किन्तु इनमें काशी के कहन शैली की विराटता समाहित है। 'महँगी कविता' शीर्षक से स्वामी ओमा द अक् की कविताओं का यह संग्रह हिन्दी कविता के एक अनोखे पक्ष को प्रस्तुत करता है। ये कविताएँ समकालीन होते हुए भी समकालीनता के बन्धन का निषेध करती हैं। अपने प्रवचनों में जितने विस्तार से स्वामी ओमा द अक् जाते हैं कविता में उतने ही क्षिप्र और बेधक होकर अपने को प्रकट करते हैं। मैं पहले उनके प्रवचनों से परिचित हुआ फिर कविता से और मैं यह बात दावे से कह सकता हूँ कि एक काशीवासी साधु में ही यह कबीरी तीक्ष्णता और तुलसी की भव्यता सम्भव है। यह संगम अनायास हुआ है जिसके कारण कविता में निर्गुण-सगुण-विराट-सूक्ष्म सबका लोप हो गया है।

इसे मात्र कविता-संग्रह कहना भी वैसे बहुत उचित नहीं है, मैं इसे वाणी के उद्वेग का संग्रह कहना चाहूँगा! इसमें एक सौ तिरपन कविताएँ हैं और तिरालिस चित्र हैं। चित्र में अनेक रूपाकार हैं जिनमें बनारस के रंग अधिक हैं। यदि किसी एक भूभाग की कविताएँ अधिक हैं तो वह बनारस का ही आध्यात्मिक नैतिक सांसारिक भूगोल है! यदि बिस्मिल्लाह भी आते हैं तो बनारस के रंग में रँग कर। कविता में आया चाँद भी एक बनारसी ठाठ से आकाश में भटकता है। जैसे आकाश चन्द्रमा की काशी हो! स्वामी ओमा द अक् की इन कविताओं में पीड़ा और लास्य ऐसे गुँथे हैं कि उनको अलग करके देखना ऐसे ही होगा जैसे गौरैया और उसके पंख को अलग करके उसकी उड़ान को देखना।

मुझे कविता में पीड़ा नहीं
पीड़ा में कविता भाती है
मुझे पीड़ा सी कविता नहीं
कविता सी पीड़ा भाती है! (पीड़ा और कविता)

यहाँ इस काव्य अंश में कवि के मन की थाह लेने की एक कोशिश कर सकता हूँ। यदि सहज ही देख पाऊँ तो पीड़ा को कविता बनाने का कोमल भाव जितनी आसानी से कहा गया है उतनी आसानी से इस निष्कर्ष पर पहुँचना हुआ नहीं होगा। पीड़ा और कविता का अभेद हो जाना ही वैराग्य है शायद! दुःख को काव्य में रूपान्तरित कर उसे समझना-सहना और मुक्त होना अधिक प्रीतिकर उपाय है और यह काम केवल कविता ही कर सकती है। और जो कविता ऐसा सूत्र दे सके वह महँगी कविता कैसे होगी? औषधि सदैव अमोल होती है और यह कविताएँ औषधि हैं–जीवन-मर्म-भाव-मान-अपमान-नैराश्य सबको समझने की औषधि।

इस सन्त वाणी की कविताएँ पढ़े जाने पर आगे जाने से रोकती हैं। वे अपने भाष्य की माँग करती हैं। लगभग हर कविता ऐसी है जिस पर अलग-अलग आलेख लिखे जा सकते हैं। किन्तु यहाँ इस आलेख में मेरा उद्देश्य इस किताब के मार्मिक बिन्दुओं को अंकित करना है। मेरे लिए सरल होता कि मैं यह कह देता कि सबको पढ़ो और गुनो! लेकिन फिर बात बनेगी नहीं। जिन कविताओं ने मेरे कवि मन पर अपना होना अंकित किया है उनमें एक कविता है 'गौरैया'—

मेरे घर में उड़ने वाली
नन्ही चिड़िया
कहाँ गयी तुम...?

शीर्षक भले ही 'गौरैया' हो लेकिन यह आत्म की खोज में विकल कवि मन ही है जिसका आँगन पंछी उड़ जाने से शून्य हो गया है। पुकार की वेदना की गूँज ही इस कविता का विस्तार और मूल है। कविता की गौरैया सगुण -निर्गुण सबको लुभाती है। यह हंस भी है और प्राण भी है] घर देह भी है और पिंजर भी है।

'झूठ', 'सरयू सतर्क', 'क्रूर कुटुम्ब', 'पीपल', 'कवि', 'महँगा', 'मुर्दा, रामबोला, महँगी कविता जैसी कविताएँ हिन्दी कविता के वैभव को विस्तार देने

वाली कविताएँ हैं। जब कवि समाज के साथ सन्त समाज भी शान्त रहने में सुभीता समझ रहा था और समझा रहा था उसी क्रूर कठिन समय में स्वामी ओमा जी सरयू सतर्क कविता लिख कर कवि सन्त सबका पक्ष रख रहे थे–

सरयू सतर्क

सरयू सतर्क!
सभ्यता अयोध्या में
प्रवेश कर चुकी है!

सरयू सर्तक!
तेरे तट पर
बन्दरों के स्थान पर
बन्दरगाह आ रहा है!

सरयू सतर्क!
तेरी सुरीली गलियों में
बेसुरे नारे घुस रहे हैं!

एक सन्ता, एक कवि अपनी अन्तर्व्यथा को प्रकट करके किसे जगा रहा है? सरयू को! वही सरयू जिसके किनारे राम का जन्म होता है फिर उनका बालमन परिपक्व होता है और अन्त में वे इसी सरयू में विलीन हो जाते हैं। यह संवाद सरयू से नहीं बल्कि कहें कि राम की प्रतिनिधित्व कर रही जीवित नदी से है!

'क्रूर कुटुम्ब' कविता में भी नदी का तट सरयू का ही है! जहाँ शवों का अर्पण चुग कर काले पंखों वाली सफेद चिड़िया अपना कुटुम्ब पाल रही है। इस कविता के रूपक को समझने समझाने की आवश्यकता नहीं है लेकिन फिर भी यह पंक्तियाँ पढ़ कर देखना चाहिए—

काले पंखों वाली
सफ़ेद चिड़िया
सरयू के किनारे से
चुगती है धान-लावे

जो फेंके गये थे
उस अर्थी पर
जो अन्तिम यात्रा पर आयी थी
चिड़िया धान-लावे चुन रही
अपने नवजात चूजे के लिए/
बन्दरिया दौड़ा रही
अपने नटखट बच्चे को
पकड़ कर बार-बार
सीने में चिपकाती
और छीनने की
कोशिश करती
किसी बालक से
उसके हाथ का 'पैकेट'
शायद कुछ मिल जाये
बच्चे का पेट भरने को/
गाय का बछड़ा
दौड़ रहा है छुट्टा
भागता आता है
गाय के थन से
मुँह लगाता है/
गाय बँधी है
गोदान के लिए दिन में कई-कई बार...

भूख और मोक्ष के बीच के असमाप्त संघर्ष को देखने के पीछे कवि दृष्टि ही नहीं सन्त दृष्टि भी कार्य कर रही है और इसे एक सजग नागरिक दृष्टि भी कह सकते हैं! क्या यह क्रूर कुटुम्ब हमारा अपना भारत वर्ष नहीं? क्या हमारा मौजूदा समाज और समय नहीं यह क्रूर कुटुम्ब? क्रूर कुटुम्ब कविता के माध्यम से राम की अयोध्या और उसकी कुटिल राजनीति पर भोले शिव की नगरी काशी की 'सजल' तरल दृष्टि है। क्रूर कुटुम्ब की निरीहता को सजल नेत्र से ही लक्षित और अंकित किया जा सकता है।

ओमा जी अपनी एक कविता कवि, में कवि के रोल को अलग से व्याख्यायित करते हैं। हालाँकि इसकी आवश्यकता नहीं थी। इस किताब की कविताएँ उनके इस मर्म कथन को अनेक प्रकार से कह रही थीं!

"कवि वह है
जो विराट के समक्ष
क्षुद्र को हाशिये पर जाने से बचाये!

यहाँ क्षुद्र को ओछे नहीं छोटे के रूप में देखने की आवश्यकता है। विराट सत्ता किसी अति लघु को मिटा न दे इसके लिए कवि को सतर्क सावधान रहना पड़ेगा! महँगी कविता का कवि केवल सरयू को ही सतर्क नहीं करता बल्कि एक आत्म प्रबोधन भी करता है। इस क्षुद्र में मीरा की क्षुद्र घंटिका कटि तट शोभित का क्षुद्र है! जब महान कुटिल राजनीति के महा घंट घनघना रहे हों तब क्षुद्र घंटिका के मन्द्र स्वर को भी संरक्षित करना होगा!

इस ग्रन्थ में माँ, पिता के अन्तर्द्वन्द को कहने वाली बड़ी भाव प्रबल कविताएँ हैं तो देश की राजनीति, कोरोना की अपार वेदना का आख्यान भी है! किताब का नाम भले ही महँगी कविता हो और इसका दाम भले ही अधिक हो लेकिन इसकी मूल्यवत्ता इसे महँगा नहीं सिद्ध होने देती–

कवि का वक्तव्य देखें–

महँगी कविता
मेरी कविताएँ बहुत महँगी हैं
जैसे महँगी है
प्रेमी की नींद
धनिक की स्वतन्त्रता
निर्धन की आवश्यकता
रोगी की जीवटता
भोगी की भक्ति
योगी की शक्ति
उपवन का फाग
क्रान्ति की आग /

मेरी कविताएँ बहुत महँगी हैं
जैसे महँगी हैं
पुरनियों की छुवन
स्मृतियों की चुभन
साँसों की लड़ी
परीक्षा की घड़ी
प्रतीक्षा की रात
बिगड़ी हुई बात
छूटती हुई प्रीत
टूटती हुई रीत/

मेरी कविताएँ बहुत महँगी हैं

मेरा मत है कि कविता सस्ती क्यों हो?
क्या कविता का सस्तापन उसे अपमान की ओर नहीं ले गया है?

मित्रों से निवेदन है कि इस किताब 'महँगी कविता' को पढ़ें और एक अलग रस-भाव बोध को पाने के लिए इसका आस्वाद लें! मैं स्वामी ओमा द अक् जी को इस प्रबल और सार्थक प्रयास के लिए साधुवाद और स्नेह देता हूँ!

—बोधिसत्व

ग्रन्थ : महँगी कविता

कवि : ओमा द अक्

मूल्य : पच्चीस हज़ार

प्रकाशक : वाणी प्रकाशन नयी दिल्ली

सभ्यता की सलामती की दुआएँ माँगता एक कवि

'महँगी कविता' : ओमा द अक्

कवि वह है जो विराट के समक्ष
क्षुद्र को हाशिये पर जाने से बचाये!
वह कैसा कवि है जो समय के दंश अपराध शोषण भूख लाचारी ग़रीबी
के विरुद्ध स्वर नहीं दे सकता!
अपितु बैठा पाँव पर पाँव चढ़ाये केवल।
वसन्त कलिका वेणी शहद चुम्बन यौवन आलिंगन स्वेद
के कामपीड़ित पद्य वमन करता है!
अथवा
रोता है अपना रोना अपना दुःख अपनी नींद अपनी भूख अपना खोना।
(महँगी कविता : ओमा द अक्)

यह कविता ओमा द अक् की है जिनका कविता संग्रह 'महँगी कविता' हाल ही में प्रकाशित होकर हिन्दी समाज के सम्मुख आया है। जो लोग कविता को इतना सस्ता कर देना चाहते हैं कि वे किताब का थोड़ा भी अधिक मूल्य देख कर चौंक पड़ते हैं क्योंकि उन्होंने कविता को निरीह कवियों के आईने से देखा है, वे कविता को मूल्य चुका कर पढ़ने से गुरेज़ करते हैं और पाठ्यक्रम में पढ़ने की मजबूरी न हो तो कविता कौन पढ़े और जहाँ तैंतीस करोड़ देवी-देवताओं के बदले तैंतीस करोड़ कवि हों, वहाँ लगता है कवि ही एक-दूसरे को पढ़ रहा है। ऐसे में कविता को महँगे मूल्य से जोड़ने के पीछे ओमा द अक् का कहना है कि लोग महँगे से महँगे ब्राण्ड की वस्तुएँ ख़रीद सकते हैं, किन्तु वे पुस्तक के लिए सस्ता मूल्य

चाहते हैं गो कि वे सस्ते मूल्य की पुस्तकें भी न ख़रीदते हैं, न पढ़ते हैं क्योंकि मध्यवर्ग जिसकी क्रय क्षमता है वह कविता को हाशिए पर डाल कर चलता है जिसकी उसे कोई ज़रूरत नहीं, हाँ महँगी अंग्रेज़ी की पुस्तकें उसके ड्राइंगरूम की शोभा बढ़ाने के लिए करीने से लगी मिल सकती हैं। ऐसे में ओमा द अक् की पच्चीस हजार रुपये मूल्य की यह पुस्तक पहली नज़र में अचरज जगा सकती है पर आप उनसे बात कीजिए तो अन्तत: उनकी इस बात से सहमत होना पड़ता है कि उनकी कविताओं में आम आदमी, ग़रीब आदमी, किसान मज़दूर की बात की गयी है जिसे पढ़ने की ज़रूरत वाक़ई मध्य या उच्च वर्ग के उन लोगों को है जो समाज के हाशिए पर पड़े इस जीवन से बहुत अनभिज्ञ हैं।

जो कविता मैंने उद्धृत की है उससे इस कवि का मिज़ाज पूरी तरह समझ में आ जाता है कि इस कवि को कोई बाहर से रेगुलेट नहीं कर रहा, विनियमित नहीं कर रहा। वह ख़ुद से ही चालित, परिचालित और स्वशासित है। वह अपना स्वामी है, अपना नियन्ता है, किसी और का स्वामी या नियामक नहीं और यह भी कि उसकी आवाज़ को दबाया-धमकाया नहीं जा सकता है। वह कविता के हित में सत्य और अप्रिय बात बोलने का भी उत्कट अभिलाषी दिखता है। अक्सर कविता में एक हवा चलती है, एक फ़ैशन चलता है। बच्चे आये तो कविता में बच्चे छा गये, पेड़ आये तो पेड़ छा गये, प्रतीक बन कर। फिर *एक दिन बोलेंगे पेड़* से लेकर *पेड़ हैं इस पृथ्वी के प्रथम नागरिक* तक पेड़ ही पेड़ दिखने लगे। तानाशाह आया तो वह हर तथाकथित क्रान्तिकारी कवि के यहाँ तैरने लगा। मार्क्सवादी कवियों का तो वह जैसे एक टेक-सा ही बनता गया और आज भी इस तानाशाह से छुटकारा नहीं है, वह मदन कश्यप सरीखे कवियों में यदा कदा आज भी दीख पड़ता है। हम तानाशाह के घिसे पिटे प्रतीकों से छुटकारा ही नहीं पा सके। पर कविता तो वही है जो रूढ़ होते प्रयोगों से मुक्ति दिलाये और नये एक्सपेरिमेंटेशन के लिए कवि को अग्रसर करे, उसे साहस और धीरज दे। ओमा द अक् में यह धीरज दिखता है, वह दृढ़ता दिखती है जो किसी वैचारिक प्रतिबद्धता से विचलित और अनुकूलित नहीं होती तथा किसी भी वैचारिक रेजीमेंटेशन के विरुद्ध दिखती है। 'महँगी कविता' इसका प्रमाण है।

ओमा द अक् एक स्वतन्त्रता इकाई हैं। स्वामी हैं, पर अपने; जिसका कोई मठ नहीं, समवाय नहीं, महन्त नहीं, पूजा-अर्चना नहीं, कोई भजन-कीर्तन मंडली नहीं, कोई घंट-घड़ियाल नहीं, फूल-पत्तियाँ नहीं, रामनामी या भगवा

नहीं। वे एक सुदर्शन प्रतिमूर्ति तो हैं, अपनी तरह के आभरण में भी रहते हैं पर यह सब उस चीवर सा ही है जिसमें किसी गैरिकवसना का मन रमता है। पर वे मन से गैरिकवसना भी नहीं, हाँ बाज़ार को अपनी सत्ता अपनी इयत्ता नहीं बेची है। अच्छा खाना, अच्छा पहनना उनके लिए निजी रुचि का मसला है पर। वे कहते भी हैं कि भगवा का रंग आग का है, यदि मैं भगवा पहनूँ तो उसकी पात्रता मुझमें होनी चाहिए। मुझमें तो अभी सामान्य मनुष्यों जैसी इच्छाएँ हैं, कामनाएँ हैं, इसलिए मैं भगवा नहीं पहनता। जो पहन रहे हैं वे भगवा के योग्य नहीं हैं, वे उसे पहन कर मलिन ही कर रहे हैं। यह स्वतन्त्रता और साहसिकता उनकी कविताओं में नज़र आती है तभी तो वे कह पाते हैं—

सभ्यता अयोध्या में प्रवेश कर चुकी है!
सरयू सतर्क!
तेरे तट पर बन्दरों के स्थान पर
बन्दरगाह आ रहा है!
सरयू सतर्क! तेरी सुरीली गलियों में बेसुरे नारे घुस रहे हैं!
सरयू सतर्क! तेरे अमृत.जल में
घुल रहा है बनियों का मल!
सरयू सतर्क! तुझे ज़हरीला करने
अयोध्या में आ गयी है धनिकों की रखैल राजनीति!!

(महँगी कविता, पृष्ठ 198)

जब अयोध्या में मन्दिर निर्माण की अधूरी यात्रा में ही प्राण प्रतिष्ठा करने का संकल्प ठान लिया गया हो, सरयू को बाद के दिनों में निहारना प्राय: कवियों के लिए अनुष्ठान सरीखा लग सकता है पर सरयू को सावधान करता हुआ ओमा जैसा कवि अयोध्या और सरयू के भीतरी उद्वेलन और रुदन को देख ही लेता है। चारों पहर बजते घंट-घड़ियाल किसी दैवी सम्पन्नता का द्योतक नहीं होते, ये कर्मकांड के प्रत्यय है, उद्यम हैं। मनोरथ इन कर्मकांडों से सिद्ध नहीं होते। किन्तु अयोध्या पर पिछले दिनों जो दैवी कृपा बरसी है उसके निहितार्थ बहुत दूर तक संकेत देने वाले हैं। एक प्राचीन नगरी की प्राचीनता को आधुनिकता के उपादानों से रौंदने सज्जित करने की होड़ ने धर्म और कर्मकांड को चुनावी हथकंडे का आश्रय और अवलम्ब बना दिया है। कवि इस नगरी के मिज़ाज

को जानता है, सरयू के शान्त जल को जानता है, अयोध्या की अवधी माटी को जानता है, उसे विमानपत्तन पर चलने की अभी आदत नहीं पड़ी है। जय श्रीराम तो उसकी नियमित दिनचर्या का अंग है, उसका रामराज्य को स्वनिर्मित है, वह किसी प्रायोजित रामराज्य की प्रतीक्षा में नहीं है।

हिन्दी की विदुषी कवयित्री अनामिका ने इन कविताओं का सम्यक् चयन किया है तथा संवेदनशील रचनाओं का चयन यहाँ किया है तथा एक सुचिन्तित भूमिका के साथ इन्हें हिन्दी समाज के समकक्ष प्रस्तावित भी किया है। अनामिका जी ने ओमा की कविता में तीन लयों की समाहिति पायी है—जुती ज़मीन पर बीज छिड़कने, बारिश की लय तथा नववधू पर अक्षतदूर्वा बरसाने की लय। वे कहती हैं, 'जब सिद्ध मौन की उर्वर माटी पर ओमा जी अपने शब्द छिड़कते हैं अलग-अलग स्रोतों से आये हुए शब्द—तो ये तीनों लयें घुमरीपरैया-सी खेलती जान पड़ती हैं। मूलाधार से सहस्रार तक जितने ऊर्जा-वर्तुल माने गये हैं, शब्दों के मेरुदण्ड पर भी वे तीनो लयकारियाँ खेलती-नाचती हैं इनकी कविताओं में।'' (अनामिका) और सच है कि ये तीनो समाहितियाँ कवि को एक व्यापक द्रष्टा और मानवीय जीवन का अधिवक्ता बनाती हैं जैसा कि इस संग्रह की सुन्दर कविता में ओमा ने व्यक्त किया है।

'प्रतिरोध' शब्द अब घिस पिट गया है। सारी व्यक्तिगत महत्त्वाकांक्षाएँ और लालसाएँ सत्ता के दुन्दुभि गान में विलीन हो चुकी हैं। अभिव्यक्ति के सारे स्रोत संसाधन माध्यम पूँजी और सत्ता के सौन्दर्यबोध को बखानने में व्यस्त हैं। पत्रकारिता का वह मिशन कहीं ज़मींदोज़ हो चुका है जिसका कौल कभी गणेश शंकर विद्यार्थी, गर्दे, पराड़कर जैसे पत्रकारों ने उठाया था। जब तोप मुक़ाबिल हो तो अख़बार निकालो के उद्घोद्घोष को प्रलोभन की वल्गाएँ निगल गयीं। अब कोटा परमिट, पैसा, पद, रसूख के लिए पत्रकारिता बिक चुकी है। प्रचार विभागों का काम पत्रकारों ने स्वयं अपने हाथ में ले लिया है। विरोधी चैनलों की आवाज़ दबाने के लिए पूँजीपतियों ने चैनल ही ख़रीद लिए। अब उस अधूरी आजादी की बात कोई नहीं उठाता जिसकी बात धूमिल ने अपनी कविताओं में उठायी, मुक्तिबोध ने उठायीं, रघुवीर सहाय ने उठायी। 'सिल सी गिरी है स्वतन्त्रता और पिचक गया है देश' कहने वाले कैलाश वाजपेयी जैसे कवि अब हमारे बीच नहीं हैं। कविता में शिल्प के घूँघट में प्रतिरोध की चौपाई पढ़ी जा रही है। यह कलियुग का सुन्दरकांड है। सब कुछ सत्यम शिवम सुन्दरम् के आभा लोक में विरचित

दिखता है। कवियों को नयी कहन की चिंता है, अन्दाज़ेबयाँ की चिन्ता है, उस विद्रूपता की चिन्ता नहीं है जो यह कह सके : "सरयू सतर्क, सभ्यता अयोध्या में प्रवेश कर चुकी है।" उसका साहस नहीं कि कह सके, वह कैसा कवि है जो समय के दंश अपराध शोषण भूख लाचारी ग़रीबी के विरुद्ध स्वर नहीं दे सकता!/ अपितु बैठा पाँव पर पाँव चढ़ाए केवल/ वसन्त कलिका वेणी शहद चुम्बन यौवन आलिंगन स्वेद/के कामपीड़ित पद्य वमन करता है!"

आख़िर कौन कवि ऐसा कह पा रहा है कि 'अगर तू बोल सकता है तो तुझे बोलने की छूट इसी शर्त पर देंगे कि तेरे बोलने में चाटने के हुनर के लहजे मिले हों।' (अरे, तू बोलता है) या फिर गांधी पर कविता लिखते हुए कौन इस नतीज़े पर पहुँचा है कि 'गांधी तुम एक कम्बल हो जिसे लपेट कर तमाम हत्यारे पवित्र हो जाते हैं और तमाम कमीने महान'। या कौन इस निष्कर्ष को निचोड़ कर कहेगा कि जब शहर हमारी तरफ़ आते हैं तो घास के तिनके तक घबराते हैं। या फिर बसन्त से कौन यह पूछेगा कि बसन्त तुम सब जगह क्यों नहीं आते। (बसन्ती भागीदारी) या ज़िन्दा लाशों को कौन ललकारेगा कि उठो लाशो! तुम्हारे जागने के दिन आये उठो निकलो। (ज़िन्दा लाशें)....और प्रतिरोध की यह भाषा भंगिमा कविता में उभरते नक़ली प्रतिरोधी तेवर के नाते नहीं है, यह कवि की उस निर्मल मानसिक उद्वेलन से जन्मा है जिसकी कोख में ही सच्ची कविता के बीज छिपे होते हैं। तभी कोई कबीर जैसा कवि कह पाता है : निर्भय निरगुन गाऊँगा रे। या कि मैं केहुँ समझावहुँ ये सब जग अन्धा। जैसा लीलाधर जगूड़ी आज की विज्ञापनबोधी संस्कृति को लक्ष्य कर कहते हैं, ख़बर का मुँह विज्ञापन से ढका है, वैसा ही हम कह सकते हैं आज प्रतिरोध का मुँह कविता के शिल्प से ढका है। यह मीठी-मीठी बातें कहने का दौर है। प्रेम के निरन्तर नक़ली होते संसार में मुहब्बत की खड़ताल अहर्निश बज रही है। ऐसे बेसुरे समय में यह कौन है ओमा जो प्रतिरोध की घंटी बजा कर अवाम को सचेत कर रहा है। यह वैसा ही कवि है जिसके लिए कहा गया है : कविर्मनीषी परिभू स्वयंभू। जो सत्ता की बीन बजाने के लिए पैदा नहीं हुआ है, रे हृदय की बात कह मन। इस जुनून और अभिलाषा के साथ कविता के कठिन पथ पर अग्रसर है।

मुफ़लिस की ईद पर एक सहृदय कवि ही कह सकता है—

ये निज़ाम दौलतमन्दों का
यहाँ ग़रीबी एक वबा है

ईद, दिवाली उन लोगों की
अपनी ख़ातिर सिर्फ़ सज़ा है
ओ मेरे मासूम फ़रिश्ते!
आ मेरी गोदी में सोजा
मेरा बोसा तेरी ईदी
मुफ़लिस के घर सौ दिन रोज़ा!! (मुफ़लिस की ईद)

केवल विहंगम ही इन कविताओं के भीतर कवि की उपस्थिति देखें तो सारी इन्द्रियाँ चौकन्नी हो उठती हैं। कवि का कार्यभार कितना कठिन होता है। कवि का मिज़ाज सदियाँ पढ़ रही होती हैं कि वह किसी दुविर्नियोजन का शिकार तो नहीं, किसी पूँजी सम्प्रदाय सत्ता या मठ का क्रीतदास तो नहीं। तब ऐसी ऐसी कविताएँ इसमें मिलती हैं जो हमें आश्वस्त करती हैं जैसा कि कभी धर्मवीर भारती ने कहा था—"चेकबुक हो पीली या लाल/दाम सिक्के हों या शोहरत, कहर दो उनसे जो ख़रीदने आये हों तुम्हें/हर भूखा आदमी बिकाऊ नहीं होता।" ओमा अपने कवि की मुखरता को प्रवचन नहीं, कविता की आभा में सिरजते हैं। उनके आवेग में तथाकथित क्रांतिकारी कवियों का झाग नहीं, एक निरन्तर ऊर्जस्वित होती हुई आँच है जो कम कवियों में देखी जाती है तभी तो उनके इन कथनों की आँच देखिए जिसे देख कहने को मन करे—साँच को आँच नहीं। नदियों के सूखने या उथली होते-होते बाढ़ प्रलय की सम्भावनाएँ प्रबल हो उठती हैं। पर सूखती हुई नदियाँ तो हमारी सभ्यताओं की बसावट हैं। वे ही उजड़ गयीं तो यह सभ्यता कहाँ रहेगी। वे कहते हैं—

नदी के सूखने पर
नदी में कितना ही पानी बह जाये
पर नदी कभी नहीं बहती
और अगर कभी कोई नदी बह जाये
तो साथ.साथ बह जाती हैं
लाखों कहानियाँ सैकड़ों शास्त्र दसियों सभ्यताएँ
कोई अद्‌भुत संस्कृति कोई महान राष्ट्र। (नदी का बहाव)

वे जानते हैं कि नदी इन दिनों असभ्यता का विस्तार...देखने भोगने के लिए विवश है। सरयू और सूखती हुई नदियाँ यह दुर्गति भुगतने के लिए अभिशप्त हैं।

कितने क्षोभ के साथ वे कहते हैं, प्रेमचन्द तुम अच्छा हुआ मर गये/ ऐ शब्दों के जादूगर! तुम जो लिख रहे थे उसको जी रहे थे हम जो जी रहे हैं उसे लिख भी नहीं सकते!! (*महँगी कविता, पृष्ठ 236*)

आज जब किसी शहर या प्राचीनतम नगरी को क्योटो बनाने की बात होती है तो लगता है हम अपनी इन प्राचीन नगरियों की प्राचीन और पुण्यप्रद आभा जल्दी ही खो देने वाले हैं और नगर का स्थापत्य किसी आधुनिकता के चाक चिक्य में डूब जाने वाला है। तब क्या यह अन्तर रह सकेगा कि हम दिल्ली- मुम्बई में हैं या किसी प्राचीन नगरी अयोध्या या वाराणसी में। शहरीकरण पर कविता लिखते हुए इसीलिए उनका मुख उद्विग्नता में मलिन हो उठता है और वे कह उठते हैं—खेत की मिट्टी पर रहम करो/ बख्श दो/ मत बनाओ उन्हें संगमरमर।/... इस मिट्टी को दोमट ही रहने दो, चिकनी मत करो/ मत बनाओ संगमरमर। मुझे याद हो आते हैं कुँवर नारायण यह कहते हुए कि मुझे मेरे जंगल और वीराने दो। हम जंगलों की आवाज को अनसुनी कर देते हैं जो कहते हैं, ''हमें बचा लो... शहर हमारी तरफ़ बढ़े आते हैं। फिर भी शहर जंगलों को डरावना बताते हैं।'' पर यह तो जंगलों को उजाड़ने और आदिवासियों को सभ्यता के उजाले में लाने का दौर है। उन्हें अपनी मिट्टी से खदेड़ने और उनके खनिजों के दोहन का समय है। पूँजी का राक्षस जब डकार लेता है तो सभ्यताएँ उसके उदर में समा जाती हैं और आधुनिकता हमारी पहचान को निगल जाती है। वे इस कृषि प्रधान देश के काले कृषि क़ानूनों पर कविता लिखते हैं, दुबराती हुई गंगा उन्हें कुपोषण का शिकार लगती है और उन्हें अपनी कहानी अपनी ज़ुबानी सुनाती हुई अपनी करुण गाथा में हमें भिगो देती है। (आधार कार्ड) ऐसा नहीं कि ओमा आधुनिकता की हर गतिविधि के विरोधी हैं किन्तु वे मानते हैं कि सड़कों ने गाँवों को शहर बना दिया है, वहाँ प्लास्टिक का कचरा, रेडियेशन, शोर और डीजल और पेट्रोल का धुआँ और इंटरनेट के रास्ते वासनाओं की रील्स पहुँच चकी है। तभी वे कहते हैं—सड़क अकेली नहीं आती/ वह साथ ले आती है शहर। एक बहुत ही मार्मिक कविता है गायों और कुत्तों के समान होते हालात पर। शहर की गाय क्या खा-पी रही हैं, कुत्ते तो आलीशन बंगलों के बेहतरीन माहौल में पलते हैं पर गाय को यह रौनक नहीं नसीब। उसकी नियति में कचरा ही है क्योंकि गाँवों और शहरों में अब चरागाह नहीं रहे। हम 'अहा ग्राम्य जीवन भी क्या है' की लाख धजिज्जियाँ उड़ा लें पर वह समय मनुष्यों व पशुओं प्राणि प्रजातियों के सह अस्तित्व का था। इस

देश में किसानों की भूख, माँग, समस्याएँ राजनीति लगती है। वे आन्दोलनजीवी कह कर चिढ़ाये जाते हैं। ओमा जी कहते हैं—

कोई तिलक
कोई गांधी
कोई जयप्रकाश
नहीं हो सकता था बड़ा
अगर उनके समर्थन में
भारत के गांवों का जीवट किसान न होता खड़ा।

(भारत के संघर्षशील किसानों के नाम)

किसानों पर यहाँ एकाधिक कविताएँ कवि की उस बुनियादी समझ को प्रमाणित करती हैं जिन्हें गांधी ने ग्रामदेवता कहा था, अन्नदेवता कहा था। वे ऐसे कवि हैं जिसकी एक आँख मीरा से गीली होती है तो दूसरी मर्लिन से। जिनका मन कहता है कि मर्लिन आम्रपाली नहीं बन सकी क्योंकि उसे बुद्ध नहीं मिला। बल्कि जीसस मिला/क्योंकि उसे स्वभाव की समझ के स्थान पर पाप का पछतावा मिला। पर वे कहते हैं काश मर्लिन मुनरो मनमोहन कृष्ण तक पहुँच पाती/ तो नि:सन्देह मीरा होती। (मर्लिन) कौन सोचेगा भला मर्लिन के बारे में ओमा के सिवाय। जो मीरा के बग़ल मर्लिन को खड़ा कर देखता है। यह है एक भारतीय कवि की अन्तदृष्टि। यह है वह स्त्री संवेदना।

क्या कहूँ जितना ही ओमा के काव्यसंसार में उतरता जाता हूँ उसके एक-एक रेशे खुलते नज़र आते हैं1 वह अन्तदृष्टि भी जो अभी किसी वाद और विचारधारा की गिरवी नहीं हुई है। जो दुनिया को सौन्दर्य की आँखों से निहारता है, जो इतना मीठा बोलता है जैसे ज़बान ही शहदीली हो उठी हो। पर जब वह माँ की कविता लिखता है तो प्रेम और मार्मिकता से सराबोर दिखता है। कभी एक अफ्रीकी कविता में माँ का एक बिम्ब पढ़ा था कि तुम रह रही होगी अन्य कवियों की माँओं की तरह ही। उसे माँ कविता में माँ का जीवट भरा चेहरा दिखता है। हर मोड़ पर बेटे के लिए दुआएँ देती हुई, सामने थाली परोसती हुई, स्कूल से आने की राह देखती हुई, घर की बेल पर कान उटेरे सुनती हुई और दौड़ कर फाटक खोलने की आतुरता लिए हुए। बचा-खुचा खाकर भी सन्तोष की आभा से भरी माँ पर यह कविता क्या ख़ूब लिखी है कि सांगोपांग बस माँ ही माँ दिखती हैं —

दिन भर की थकी हुई नींद अगर
चाँदी की घण्टी की हल्की आवाज़ से टूट जाये
तो वो माँ की नींद थी
दिन भर की भूख
अगर छोड़े हुए दाल-भात की जूठन से मिट जाये
तो वो माँ की भूख थी
दिन भर का दर्द अग-रात को सर दबाते-दबाते ऊँघने लग जाये
तो वो माँ का दर्द था
दिन भर का-गुस्सा अगर शाम को चूल्हे में जा गिरे और फुँक जाये
तो वो माँ का-गुस्सा था
दिन भर का इन्तिज़ार अगर कुण्डी की खड़खड़ाहट
पायल खनकती दौड़ पड़े
तो वो माँ का इन्तिज़ार था
दिन भर का प्यार अगर उम्र भर एक सा दुहराया जाये
तो यक़ीनन वो सिर्फ़ और सिर्फ़ माँ का प्यार था!!

माँ से कवि का यह घना रिश्ता मुझे मुनव्वर राना की याद दिला देता है जिन्होंने माँ की ममता पर कितने अश' आर लिखे हैं। इस तरह अपने गुनाहों को वो धो देती है/ माँ बहुत गुस्से में होती है तो रो देती है—पढ़ते हुए कृष्ण की माँ यशोदा की याद हो आयी जिन्हें सूर ने किस ख़ूबसूरती से रचा है।

बनारस ओमा की रगों में है। वहीं पले-बढ़े। संस्कृति और सभ्यता की प्राचीनतम नगरी जहाँ की गलियों में संगीत की गूँज है तो मस्तमलंगों को अपनी गोद में पनाह देती गंगा। घाटों की बंकिम छवि और राजाओं के प्राचीन महल व घाट गंगा की छवि को सम्म्होहक बना देते हैं तो उन्हें यह शहर एक साधु सा लगता है जो गंगा के किनारे बैठ कर सारी खुदाई की हिफ़ाज़त और सदाकत की दुआएँ माँगता रहता। वे *काशी आर्काइव* को खँगालते हुए बनारस को देख कर इस बात का अचरज करते हैं, कौन था जिसने इस श्मशान में इस नगर को बसाया। पर सदियों से बसा यह नगर अब जैसे अपना आब खो रहा है। वही आधुनिकता की व्याधियाँ इसे लगी हैं जैसे कि जोगी यती का शाप लगा है। कवि को दुख है कि ''ये नयी पीढ़ी लगी दीमक सी/इस मरघट नगर के सैकड़ों वर्षों

की आर्काइव चबाती जा रही है/और ये चुपचाप सब कुछ सह रहा है।'' उसे बनारस श्रीहीन लगने लगता है जब यहाँ से गिरिजादेवी अन्नत में विलीन हो जाती हैं। अलविदा मेरे बनारस—ऐसा शोक गीत सा बन गया है जहाँ एक कवि आँखों में अश्क मेरे गिरिजा विहीन नगर के उजाड़ को लक्ष्य कर लिखता है कि—

अलविदा मगही के बीड़ों
अलविदा जर्दा-अतर
अलविदा मेरे बनारस
अलविदा मेरे शहर।

जा रही हूँ छोड़ कर अपनी गली अपना वो घर
जिस गली घर में रही आबाद मैं इक उम्र भर
सुन चुकी हूँ स्वर्ग के क़िस्से बहुत सुन्दर है जो
पर मेरे बाबा की नगरी से कहाँ बढ़ कर है वो...!
अब मुझे सुबह बनारस मिल न पायेगी कभी
अब मुझे काशी की गंगा न बुलायेगी कभी
जा रही हूँ छोड़ कर सब साजो सुर तेरे लिए
ऐ बनारस याद मेरी तुझको आयेगी कभी? (पृष्ठ 277)

कवि विलुप्त होती जाती गौरैया पर भी भाव विह्वल कविताएँ लिखता है। एक नहीं, एकाधिक। वह काशी को काशी के आईने में परखता है। कहीं से श्रम श्लथ लौटता है तो काशी की सुखद गोद में आ गिरता है। कुत्ते कविता में कवि का मिजाज देखते ही बनता है। 'हम इक्कीसवीं सदी से आते हैं—परिवर्तित और आवारा होते युग की दास्तान है। किसानों पर कविताएँ लिख कर वह इस मिट्टी का ऋण अदा करता है। तिब्बत उसके लिए विस्थापन का आईना है। उसकी 'आषाढ़ी बादल' कविता आषाढस्य प्रथम दिवसे की याद दिलाती है तो 'श्रावणी मेघ' दग्ध उर का उपचार। कविताओं में बिस्मिल्लाह, संगीत, बनारस, गलियाँ, किताबें, हिन्दी, इंटीरियर और काशी आर्काइव सब कुछ है जो कवि के भीतर के सौन्दर्यबोध को उजागर करता है।

कवि केवल अच्छे संसार की कल्पना ही नहीं करता, सुन्दर संसार में क्या होगा, क्या नहीं होगा, इसकी पूरी बानगी भी देता है। उसका यह संसार एक ऐसा प्रति संसार है जो सुन्दर के स्वप्न से सजा है। जो भले एक यूटोपिया जैसा लगता

हो पर कवि की अदम्य इच्छाओं का रूपान्तरण है। एक कवि के इस गढ़े हुए प्रति संसार में कितनी अभिलाषा और शुभाशा है, देखें—

सुन्दर संसार

एक सुन्दर संसार में
राजा और राजनेता नहीं होंगे!
एक सुन्दर संसार में
सेना हथियार छोड़ चुकी होगी!
एक सुन्दर संसार में
न्यायालय बन्द हो चुके होंगे।
एक सुन्दर संसार में
हृदय ही अधिवक्ता होगा।
एक सुन्दर संसार में
विधि की पुस्तकें संग्रहालय में मिलेंगी।
एक सुन्दर संसार में
चिकित्सक और शिक्षक
धनवान नहीं अपितु हृदयवान होंगे।
एक सुन्दर संसार में
किसान और कवि
सबसे अधिक धनवान होंगे।
एक सुन्दर संसार में
विवाह केवल दो व्यक्तियों के
मध्य ही होगा।
एक सुन्दर संसार में
मनुष्य अपने बच्चे जन्मना छोड़ देंगे और
कुछ मनुष्यों को निर्मित करेंगे।
एक सुन्दर संसार में
विद्यालय नहीं होंगे उनके स्थान पर प्रज्ञालय होंगे।
एक सुन्दर संसार में

धन का अर्थ कुछ भी सुन्दर और मूल्यवान होगा।
एक सुन्दर संसार में
नग्नता पूजनीय होगी
और आवरण विलास मात्र।
एक सुन्दर संसार में
सहवास आनन्द का विषय होगा
न कि उत्तेजना मात्र का।
एक सुन्दर संसार में
प्रीत लैंगिक आधार पर नहीं
हार्दिक आकार पर निर्भर होगी।
एक सुन्दर संसार में
मित्रता ही मनुष्यता का
परिचय रह जायेगी।
एक सुन्दर संसार में
दया की आवश्यकता नहीं रह जायेगी
क्योंकि लोग करुणा से भरे होंगे।
एक सुन्दर संसार में
भीड़ राजनेताओं के पीछे नहीं
कवियों-कलाकारों के पीछे होगी।
एक सुन्दर संसार में
लोग अपने जीवन के स्थान पर
मात्र जीवन की चिन्ता करेंगे।
एक सुन्दर संसार में
ईश्वर सबसे महत्त्वपूर्ण होगा
और वह सर्वव्यापी है।
एक सुन्दर संसार में
सत्य खोज का नहीं
रोज़ का विषय होगा।
मैं और मेरी कविताएँ
उस सुन्दर संसार की प्रतीक्षा में हैं।।

अब बात ओमा द अक् की कविताई की। कविता का अपना ईडियम होता है। पर वह एक जड़ीभूत इकाई नहीं है, वह निरन्तर गतिशील है। विधाएँ अपना परिसीमन तोड़ती हैं। एक वाचिक दुनिया का चितेरा जब कविता के सूत्रबद्ध संसार में आता है तो वह अपनी वाग्स्फीति को पूरा दरकिनार नहीं कर पाता। ऐसे में कविताएँ वाग्स्फीति का शिकार नज़र आती हैं। पर ओमा के साथ यह कम हुआ है। उनकी कविता में भाषा की अपनी अहमियत है। वे हिन्दुस्तानी जबान में बोलते और बतियाते हैं। किसी भी शब्द को फूल सरीखा उठाते हुए वे अपनी कोमल स्मृति के साथ ही सख्त से सख्त बात कह जाते हैं जो उनके व्यक्तित्व की विशेषता है। लेकिन उनका कवि व्यक्तित्व भले ही हमारे समय की समकालीन कविताओं से उतना प्रतिकृत न हो, जितना अभीष्ट् है, किन्तु वे देश-दुनिया धर्म संकीर्णताओं, पूँजी और विकारों की दुनिया पर बड़ा से बड़ा तंज़ करते हुए स्थिर नज़र आते हैं और दिन-प्रतिदिन बदलती हुई दुनिया के पेंचोखम पहचानते हैं। उनका कवि अपना दायित्य समझता है। वे कहीं न कहीं एक सोशल रिफार्मर के रूप में भी नज़र आते हैं। मज़हब की विकृतियों को मजबूती से रखते हैं। जब मैं उनकी कविता 'जीवेषणा' पढ़ रहा था तो ज्ञानेन्द्रपति की 'मणिकर्णिका' और 'आज़मगढ़ से आयी है गाड़ी' जैसी कविताएँ याद आ रही थीं, 'तिब्बत' पढ़ रहा था तो उदय प्रकाश की 'तिब्बत' कविता याद आ रही थी और 'सरयू सतर्क' पढ़ रहा था तो अज्ञेय की यह टीप मेरे मन में खलबली मचा रही थी—

हमारे देश में एक से एक सुन्दर स्थल थे
हिन्दुओं वे वहाँ तीर्थ बनाया, उन्हें घना बसाया,
गन्दगी से भर दिया।
मुसलमानों ने वहाँ मक़बरे और मज़ार बना कर उन्हें उजाड़ दिया।
अंग्रेज़ों ने वहाँ छावनियाँ डालीं और उनके रास्ते हम सबके लिए बन्द कर दिये।
अब धर्मनिरपेक्ष भारतीय लोकतंत्र हुआ तो हम सब सुन्दर स्थलों को अजायबघर बनाये दे रहे हैं।
विदेशी के लिए भारत संस्कृति की क्रीड़ा भूमि था, देश के लिए वह संस्कृति का अजायबघर बन गया है।'(कवि मन : अज्ञेय)

ओमा द अक् के यहाँ ये आब्जर्वेशन्स एक हद तक हमें उनकी कवि

की गहरी अंतर्दृष्टि से आश्वस्त करते हैं। उनकी भाषा यों तो आम फहम बोलचाल की ज़बान है, पर उसमें अंग्रेज़ी की शब्द भी आवाजाही करते हैं। ड्यूड कविता इसका उदाहरण है। उनकी कविताओं में शुद्धता कोई बैरियर नहीं है इसीलिए टेरिटरी, मेकअप, लोनलीनेस, मुगललास्ट, स्टेटस, ब्रांड्स, एटीट्यूड, एन्वायरनमेंट अवेयरनेस, टिंडर ग्राइंडर, कंज्यूमर, क्रूज, कल्चरल फ्यूजन, एवेंजर्स, मॉडर्न, सरनेम, ईएमआई, जीएसटी, ईयरफ़ोन, मेट्रोपोलिश, मिस, टॉलरेट, प्रोग्रेस, सिलेक्विट, एंटीक, म्युजिकल पाल्यूशन, प्राब्लम, एडवांस एज़, पावर्टी, अपार्टमेंट, वायरल फ़ीवर जैसे बोलचाल में आ धमकने वाले लफ्ज़ तो आते ही हैं, हिन्दुस्तानी में घुले उर्दू फ़ारसी के शब्द भी आवाजाही करते हैं जैसे सियासतदाँ, फ़िराक़दिली, नेमतों, मुफ़लिस, निज़ाम, दौलतमंद, रवायम, मज़लूम, खुदकुशी, इकतरफ़ा, कोहसारों, ख्वाबों का मकतल, जम्हूरियत, मर्कज़े हिन्दुस्तान, आखिरश, रसूख, मुसल्सल आदि। और 'आषाढ़ी बादल' जैसी कविता पढ़ते हैं तो तत्सम शब्दावली भी दृष्टिगत होती है। पर मैं यह नहीं भूलता कि वे संग्रह के प्रारम्भिक उद्धरणों में यह कहते हैं कि "उर्दू के हर्फ़ खिले हुए फूलों की मानिंद होते हैं तो हिन्दी के अक्षर देवताओं के पवित्र विग्रह के समान/ संयोगवश जब दोनों मिल कर किसी वाक्य की रचना करते हैं तो मालूम पड़ता है कि—किसी मन्दिर में महकते हुए फूलों का हार पहने कोई भव्य देवता दर्शन दे रहा है...!! यह है ज़बान के बारे में उनका औदार्य। मैं देखता हूँ कि ओमा को हिन्दी कविता का बना बनाया अनुशासन स्वीकार्य नहीं है। वे न तो बजिद ज्ञानेंद्रपति जैसी तत्समजन्य शब्दावली प्रयोग में लाते हैं, न अंग्रेज़ी के प्रचलित शब्दों से गुरेज़ करते हैं, न तत्सम के शुद्धताबोध से आतंकित होते हैं। बनारस के हैं तो उनकी अभिव्यक्ति पर बनारसी रंग का एक असर है। उनकी कविता का अपना कल्ट भी है यह। हो सकता है कुछ लोग इन्हें यह कह कर कविता की मुख्य धारा में परिगणित न करना चाहें कि ये तो किसी अनभ्यस्त कवि की कविताएँ हैं या इनमें कविता का वह सौन्दर्य और शील नहीं है जो तथाकथित बुदबुदाते और ढेर सारा कह कर भी न कुछ कह पाने वाले कवियों में मिलता है, क्योंकि आज की आलोचना भी कविता की तरह भेड़चाल है, जहाँ 'जिसे चाहो ख़ुदा मानो, हक़ीक़त किसी की जानी पहचानी नहीं है'— वाला आलम है। किन्तु ओमा द अक् इन कविताओं से अपनी एक निर्भय कवि छवि उपस्थित करते हैं। भाषा की उन्हें परवाह नहीं है, वह बेलगाम भी हो तो हो, पर

उनके कहने का आशय शिल्प के अवगुंठन या घटाटोप में ओझल न रह जाये, इस बात की परवाह उन्हें है। आख़िर यहीं खेवली बनारस के कवि धूमिल ने भी तो कहा था, 'भाषा में भदेस हूँ/ इतना कायर हूँ कि उत्तर प्रदेश हूँ।'

महँगी किताब होने के बावजूद वे इसे महँगी कविता का नाम देते हैं कि कविता का मूल्य बचा रहे, उसका उच्च सूचकांक बचा रहे। ये मुफ़लिसों, किसानों, मज़दूरों और अपना वैभव, संस्कृति, सभ्यता और शील खोते मनुष्यों और नगरों के मान-मूल्यों की कविताएँ अवश्य हैं जिन्हें वे चाहते हैं उच्च वर्ग के लोग पढ़ें, जो विचारों की क़ीमत उसके मूल्य से ही आँकते हैं। किन्तु महँगी कविता का उनके लिए क्या अर्थ है वे कहते हैं—

मेरी कविताएँ बहुत महँगी हैं
जैसे महँगी हैं सोच की सच्चाई
प्रेम की गहराई
धरती पर हरियाली
ग़रीब की खुशहाली
शहरों में शान्ति
देश में क्रान्ति
भादों में रवि
निर्भीक कवि।

"मेरी कविताएँ बहुत महँगी हैं, जैसे महँगी हैं पुरनियों की छुवन, स्मृतियों की चुभन" कहने वाले इस कवि की कविताएँ वास्तव में बहुत ही छूने और पीछा करने वाली कविताएँ हैं। एक आवारा मिज़ाजी भी है इनमें कि ये कविता के आचार्यों को चिढ़ा भी सकती हैं, जैसे अज्ञेय ने मुझसे एक बातचीत में कहा था, आचार्य क्षेमेन्द्र ने 'कवि कंठाभरण' में कहा है कि कवि लोक में जाये, विचरण करे, सब जगह, पर वह वैयाकरण से बचे। कवि कविता के किसी भी व्याकरण से अनुशासित नहीं होता। वह अपनी कविता का व्याकरण ख़ुद रचता है। ओमा द अक् की कविताएँ उनके अपने अबाध अननुशासित कवि व्यक्तित्व (यों वे बहुत ही सुव्यस्थित चिन्तन और साफ़-सुथरे विचारों के व्यक्ति हैं) की कविताएँ हैं जिसे कोई धर्म, सत्ता, पूँजी या दल शायद विनियमित नहीं कर सकता। मैं आशा करता हूँ कवि की यह निरंकुशता बनी रहे। यह कहने की ताक़त बनी रहे कि—

धर्म किसी भी आकाश से उतरा हो
परन्तु वह जब भी उतरा
तो निर्धन मनुष्य के कन्धों पर ही उतरा।
...
मैं देखता हूँ धर्म को
एक भिखारी बच्चे की तरह
चमचमाती लम्बी कारों
और ऊँची ऊँची कोठियों के सामने
धूप बरसात में गुहार लगाते हुए
कि उनकी खिड़कियाँ खुलें
और चन्द चिल्लर धर्म की दरिद्र हथेली पर आ गिरें। (धर्म)

आइये ऐसे अलीकधर्मा कवि ओमा द अक् का हम कविता के गार्हस्थ्य में स्वागत करें।

—डॉ. ओम निश्चल,
हिन्दी के सुपरिचित कवि,
आलोचक और भाषाविद्

अध्यात्म पुरुषोत्तम ओमा द अक्

अध्यात्म पुरुष स्वामी ओमा जी बहुमुखी विलक्षण प्रतिभा सम्पन्न व्यक्तित्व के धनी कवि हैं। एक बहुत पुरानी कहावत है लीक लीक शायर चले, लीकई चले कपूत, लीक छोड़ तीनों चलें, शायर, सिंह, सपूत। स्वामी जी इसका ज्वलन्त उदाहरण हैं। स्वामी ओमा जी ने काव्य परम्परा की हर लीक छोड़कर अपनी काव्य यात्रा प्रारम्भ की है। उनकी कविता छन्द मुक्त भी है, और नहीं भी है। उनकी कविता गेय भले नहीं है, लेकिन लयात्मक है। वह तुकान्त हैं, पर उनकी कविता तुकांतों पर आश्रित नहीं है। भाषा आवश्यकता और सुविधा अनुसार कहीं हिन्दी है, कहीं उर्दू है, कहीं हिन्दुस्तानी है, तो कहीं-कहीं पर अंग्रेज़ी शब्दों से भी परहेज नहीं है। अंग्रेज़ी शब्दों के प्रयोग के उदाहरण के लिए उनकी एक कविता 'ड्यूड' है।

हम इक्कीसवीं सदी से आते हैं
यहाँ हम इन्सान नहीं 'आई डी' हैं/
संस्कार नहीं 'स्टेटस' हैं
और 'स्टेटस' रोज़ बदल जाते हैं/
हम इक्कीसवीं सदी से आते हैं...!!

किताबे नामक कविता में भी अंग्रेज़ी शब्दों का सार्थक प्रयोग है।

यहाँ तक बोलियाँ भी
अब बहुत बदली सी लगती हैं
ये 'जेनरेशन की गैपिंग' है
कि 'गैपिंग वाली जेनरेशन'

ऐसी अन्य अनेक रचनाएँ हैं। उनके संकलन में इस कविता में उन्होंने बीसियों अंग्रेज़ी शब्दों का बड़ा सार्थक प्रयोग किया है। संस्कृतनिष्ठ हिन्दी से

लेकर (जो कम है), शीन क़ाफ से दुरुस्त उर्दू तक उनकी कविता में भाषा के नाम पर विषयानुसार प्रयुक्त नमूने मिलते हैं।

उनके नये काव्य संकलन का नाम है महँगी कविता। इस महँगी कविता ने काव्य जगत में तहलका मचा रखा है। इस संकलन 'महँगी कविता' का मूल्य है—25000। जो मेरी समझ में इतने मूल्य की संसार में प्रथम कविता संकलन है। यहाँ भी ओमा जी ने मूल्य की परम्परा का पुरानी लीक नहीं पीटी। एक तरह से यह एक विद्रोह है, कविता को सस्ता समझने वालों की मानसिकता के विरुद्ध। आप ब्रांडेड महँगे से महँगा कपड़ा खरीद सकते हैं, लेकिन आपको हर कविता चाहे वह कितनी अच्छी हो सस्ती कविता लगती है। इस संकलन में महँगी कविता नामक एक श्रेष्ठ कविता भी है।

मेरी कविताएँ बहुत महँगी हैं
जैसे महँगी है
प्रेमी की नींद
धनिक की स्वतन्त्रता
निर्धन की आवश्यकता
रोगी की जीवटता
भोगी की भक्ति
योगी की शक्ति
उपवन की फाग
क्रान्ति की आग/

इस संकलन में कविताओं की विविधता की एक प्रदर्शनी है, जिसमें 'समाधान' और 'संशय' जैसी लम्बी सार्थक कविताएँ हैं।

हे सनातन-धर्म!
तुमसे प्रश्न करता हूँ
यही!
तेरे अनुयायी को
धरती पर मिला क्या?
कुछ नहीं!

इन कविताओं में कवि ने हमारी सामाजिक विषमताओं और विसंगतियों पर कटाक्ष किया है और ऐतिहासिक भ्रम भी तोड़े हैं। दूसरी ओर उनकी एक छोटी कविता है 'सड़क पर'।

सड़क फैली है
सारे मुल्क में
जैसे रगें फैली हों
सारे जिस्म में
रगों में दौड़ता है लहू
सड़क पर दौड़ते हैं मुर्दे
हाँ! सांस लेते
सिसकी भरते
चलते फिरते मुर्दे

यह बहुत छोटी कविता है, पर सार्थक कविता है। सभी सोते हुए नागरिकों को अपने कर्तव्य और अधिकारों को प्राप्त करने की प्रेरणा देता है। किसी कवि की कविता की समालोचना करने से पहले या मूल्यांकन करने से पहले उसे कवि के व्यक्तित्व से परिचित होना आवश्यक होता है।

जब मैं ओमा जी के बारे में सोचता हूँ तो मुझे आइंस्टीन का वह वाक्य याद आ जाता है, जो उन्होंने गांधी के बारे में कभी कहा था, कि आने वाली पीढ़ियाँ विश्वास नहीं करेंगे कि हाड़-मांस का एक पुतला गांधी नाम जैसा कभी इस धरती पर रहा भी होगा।

ओमा जी क्या हैं, यह एक पहेली है। वह एक सन्यासी हैं, वह एक ज्योतिषी हैं, वह गद्य लेखक हैं, रजत पटल की कथाओं के समालोचक हैं, संगीतज्ञ तो नहीं हैं, लेकिन संगीत के अनन्य पुजारी हैं। उनका प्रेम बहुत व्यापक है, वे सौन्दर्य प्रेमी हैं, जो मर्लिन मुनरो से लेकर मधुबाला, मीना कुमारी, और लता मंगेशकर तक मित्रता और दीवानगी की सीमा तक जीवन्त हैं। उन सब के वैयक्तिक जीवन की जानकारी जितनी ओमा जी को है, मैंने आज तक किसी व्यक्ति में नहीं देखी है। जानकारी के साथ-साथ जिज्ञासा और रुचि भी यथावत है। यह विलक्षण संयुक्त संयोग है। दूसरी तरफ़ दर्शनशास्त्र , वेद, पुराण, भूगोल, इतिहास, विज्ञान, सामाजिक परम्पराओं के वे अद्भुत ज्ञाता और पाठक हैं। सुकरात, प्लेटो, टॉलस्टॉय, जिन ज़ेन, महात्मा बुद्ध, विवेकानन्द से लेकर गांधी तक पर उनका प्रदर्शित ज्ञान असीमित है और आश्चर्य में डालने वाला है।

विश्वास नहीं होता कि एक व्यक्ति इतने विषयों पर एक साथ इतना ज्ञान कैसे प्राप्त कर सकता है। और उस पर भी आश्चर्य की पराकाष्ठा यह है कि मैं पिछले 30 सालों से उनसे सम्पर्क में हूँ। लेकिन उन्हें कभी अध्ययन करते नहीं देखा। ऐसा लगता है, यह सारा ज्ञान उन पर इस तरह से उतरा है जैसे कुरान शरीफ़ और पवित्र बाइबिल के बारे में कहा जाता है कि वह इलहाम है।

ओमा जी एक बेहद अच्छे वक्ता भी हैं। उनके वक्तव्य में ज्ञान के साथ मनोविनोद भी है, जो श्रोताओं को घंटो-घंटों बाँधे रखता है। मैं सोचता हूँ कि जब इतनी बहुमुखी विलक्षण प्रतिभाओं का धनी व्यक्ति कविता लिखेगा तो वह कविता कितनी सम्पन्न, सार्थक और सफल होगी, इसका अनुमान ही नहीं लगाया जा सकता है। मैंने उनकी कविताएँ पढ़ीं, महँगी किताब ख़रीदी और फिर एक-एक कविता पढ़ी। हर कविता पढ़ने के बाद मन-मष्तिष्क के ऊपर एक पसेरी सी लटक जाती है। कविता समाप्त होने के बाद भी कविता पाठक का पीछा नहीं छोड़ती, उसे बार-बार अपने ऊपर सोचने को विवश करती है। मेरी राय में अच्छी कविता की यह बड़ी पहचान है।

एक कविता समाप्त हो जाने के बाद भी पाठक का पीछा ना छोड़े, यही उनकी कविता की सफलता है। स्वामी जी की एक कविता है, 'कुत्ते'।

कुत्ते कुत्ते ही होते हैं
चाहे गलियों में
हड्डी-रोटी की तलाश में
भौंकते भटक रहे हों
या किसी आलीशान
सोफ़े पर
'हेल्दी-मील' सटक रहे हों
'नेचर' और 'करेक्टर'
एक ही रहता है,
इनकी बिरादरियों में फ़र्क़ हो सकता है
पर इरादों में नहीं
'पेट और पेट के नीचे तक ही सीमित होती है इनकी दुनिया...!'

इस कविता में शब्द की तीन शक्तियों में श्रेष्ठतम व्यंजना का जो प्रयोग किया गया, वह अद्भुत है। कुत्ते केवल एक प्रजाति नहीं है एक प्रवृत्ति भी है।

ओमा जी की कविता का विषय अधिकांश सामाजिक होता है और अच्छे समाज की संरचना की भावना से ओतप्रोत होता है। महाकवि दिनकर जी ने कभी कहा था, "बड़ी कविता वही जो विश्व को सुन्दर बनाती है।" ओमा जी की हर कविता मनुष्य को एक बेहतर मनुष्य बनाने की कोशिश है।

हर कविता कहीं न कहीं उनकी सामाजिक समरसता भाईचारा, प्रेम, दया, क्षमा, करुणा, परोपकार का सन्देश देती है। उनकी लीक छोड़कर चलने की आदत की वजह से वे प्राय: विवाद में फँस जाते हैं। उन्होंने अपनी कई कविताओं में राजनीति की कमज़ोरी पर भी कस-कस के कटाक्ष किये हैं, लेकिन विवाद में फँसने के पश्चात उनकी प्रतिभा एक और अँगड़ाई लेती है और सामने वाला परास्त होता ही है। वह क्या हैं, यह भी एक अनबूझ पहेली है।

एक ओर वे सनातनी हिन्दू हैं, दूसरी ओर भारत की गंगा-जमुना संस्कृति के सबसे बड़े प्रवर्तक हैं, पुरोधा हैं। उन्होंने एक आन्दोलन चलाया है, जिसका नाम है 'हम भारत हैं' और इस आन्दोलन में बहुत से नौजवान जुड़े हुए हैं। वह चाहे हिन्दू हैं या मुसलमान हैं, लेकिन अपने नाम के आगे भारत लिखते हैं। जाति और धर्म के नाम पर बँटे हुए इस देश में यह कितना बड़ा सकारात्मक प्रयोग है। इसी तरह से उन्होंने गंगा-जमुनी संस्कृति को भारत की मिली-जुली परम्परा को कट्टरपन्थियों के चंगुल से छुड़ाया है।

दूसरी ओर उन्होंने एक आन्दोलन चलाया कि बोलचाल में ऐसी गालियों का प्रयोग न किया जाये, जिसमें महिलाओं का अपमान हो। इस आन्दोलन के कारण उन्हें भी बहुत-सी गालियाँ खाने को मिलीं, लेकिन उन्होंने आन्दोलन को सफलता की ऊँचाइयों पर पहुँचा दिया और फ़िल्मी दुनिया से लेकर इल्मी दुनिया तक, उस मुद्दे पर कई बहस करने के आयोजन हुए।

स्वामी जी एक-कैरेक्टर 'ट्री' के नाम का पुरस्कार हर साल अपने जन्मदिन पर किसी राजनीतिज्ञ को, जो सच्चाई से जनसेवक हो, ईमानदार हो, चरित्रवान हो, लोकप्रिय हो और लोकतन्त्र और धर्मनिरपेक्षता में विश्वास करता हो। उसको चरित्र प्रमाण-पत्र कैरेक्टर 'ट्री' देते हैं। अनेक राजनीतिज्ञों के साथ-साथ यह सौभाग्य मुझे भी मिल चुका है। मैं इसको अपना बड़ा सौभाग्य मानता हूँ।

स्वामी ओमा जी घड़ी की तरह से हर समय अपने कार्य में लिप्त रहते हैं। वह कोई न कोई ऐसा कार्य करते रहते हैं, जो समाज की कुरीतियों, अज्ञानता, अन्धविश्वास के विरुद्ध हमेशा युद्धरत होता है।

—उदय प्रताप सिंह

कविता का 'ताजमहल' है 'महँगी कविता'

पिछले महीने जब आलोक जी के यहाँ गया तो डाक और कोरियर आदि से आये पैकेट हमेशा की तरह तलाशे, जो आलोक जी के यहाँ आकर पड़े रहते हैं और सामान्यतया वे उन्हें खोलकर भी नहीं देखते। फ्रिज के बग़ल में एक डब्बा दिखा बड़ा-सा, खोला तो उसमें दर्जनों किताबें थीं, आलोक जी ने बताया कि कुछ पुरस्कार के चयन के लिए किताबें आयी हैं। उनमें दो मोटी पोथियाँ दिखीं, एक गगन गिल की कविताओं पर केन्द्रित थी और दूसरी यह 'महँगी कविता' थी।

मैंने आलोक जी से कहा, कि अरे देखिए यह 'महँगी कविता' क्या है, पर आलोक जी ने मेरी बातों पर ध्यान नहीं दिया। फिर मैंने किताब निकाल कर उन्हें दिखायी तो उन्होंने उसे पलटने तक में रुचि नहीं दिखायी। इसकी बजाय वे देश-दुनिया की बातों में ज़्यादा रुचि ले रहे थे। फिर मैंने गगन गिल की किताब दिखायी तो उसे उलट-पलट कर उन्होंने फिर वापस डब्बे में रख देने को कहा।

'महँगी किताब' की क़ीमत 25 हज़ार देखकर एक पत्रकार के तौर पर मुझे लगा कि भीतर कुछ ढंग का हो या ना हो एक रिपोर्ट तो बन ही सकती है इस पर। तो मैं किताब उलट-पलट कर कुछ फौरी नोट्स लेने लगा। तब साथ आये यादवेन्द्र जी ने कहा कि लेते चलिए इसे, पढ़ लीजिएगा तो कुछ ढंग से मूल्यांकन हो जायेगा। तो मैं वह किताब लेता आया।

घर आकर देखा तो मुझे इस किताब जैसी डायरियाँ याद आयी। मैंने रैक पर देखा तो कुछ पड़ी हुई दिख भी गयीं। इस 'महँगी किताब' की तरह यह डायरियाँ भी फाव में जहाँ-तहाँ से मिली थीं।

घर आकर मैंने किताब को पलटना शुरू किया तो पहली कविता जो 'महँगी कविता' शीर्षक से छपी है, के निहितार्थ पुस्तक से ध्वनित हो रहे सस्तेपन से अलग दिखे। वहाँ गहराई दिखाई दी–

मेरी कविताएँ बहुत महँगी हैं
जैसे महँगी है
सोच की सच्चाई
प्रेम की गहराई ...

'शहरीकरण' कविता में कवि लिखता है–

इस मिट्टी को दोमट ही रहने दो
चिकनी मत करो
मत बनाओ संगेमरमर
क्योंकि मैं जानता हूँ–
संगेमरमर की इंतिहा
ताजमहल तक ख़त्म हो जाती है...

देखा जाये तो यह पुस्तक कविता का 'ताजमहल' ही है।

बसन्त तुम सब जगह क्यों नहीं आते...?
तुम आते तो हो
राजप्रासादों में
विशाल उपवन में
पूँजीपतियों
राजनेताओं
और नौकरशाहों की तिजोरियों में...

'बसन्ती भागीदारी' कविता की आरम्भिक पंक्तियों की तर्ज़ पर कोई कवि से पूछे कि इस 25 हजारी किताब का बसन्त आम पाठकों तक कैसे आयेगा?

ओमा द अक् का यह पहला कविता-संग्रह है और क़रीब साढ़े तीन सौ पेज हैं इस किताब में। औसतन अच्छी कविताएँ हैं संकलन में। गंगा-जमुनी तहज़ीब का पक्षधर है कवि–

मुग़लिया तख्त का वो आख़री सरनाम था बेबस
बड़ा मजबूर, बे-इज्ज़त मगर फिर भी बड़ा दिलकश
क़िले, एवान, गुलशन, ताज, लश्कर न बना पाया

मुग़ल-अजदाद के नक़्शे-क़दम पर भी न चल पाया
मगर उसने बनाया जो, नहीं कोई मिसाल उसकी
वो इक गंगो-जमन तहज़ीब, वो हिन्दोस्ताँ-अदबी
वो ज़ौको-मोमिनो-ग़ालिब की रौशन रेख़्तागोई
अदब-तहज़ीब-शेरो-शायरी वल्लाह सुख़नगोई

कुछ अच्छे गीत व नज़्में हैं संग्रह में। कविताओं में भी जीवन में गहरे उतरने व उसके चढ़ाव-उतार पहचानने की क्षमता अभिव्यक्त हुई है–

उदासी
सभी मुस्कुराहटें
एक भूली हुई उदासी नहीं
तो और क्या 'है'?
सभी उदासियाँ
कुछ खोयी हुई मुस्कुराहटें नहीं
तो और क्या हैं...!

कवि रेशियो या अनुपात का पक्षधर है, मतलब सन्तुलन साधना उसे आता है। ख़ुदा और बुतों का सन्तुलन भी वह साधता दिखता है। सामान्यत: आधुनिक अंग्रेज़ीदाँ शब्दावली से उसकी चिढ़ जहाँ-तहाँ ज़ाहिर होती है—

बाक़ी बचेगी
तो बस–
वही 'पॉवर्टी'
वही 'पॉल्यूशन'
और वही 'पॉपुलेशन-प्रॉब्लम'...
'बियर' की बदबू के संग
'टॉयलेट' में ही छूट जायेगा
देशभक्ति का सारा 'पैशन'

पर अपनी मूल प्रवृत्तियां दर्शाने के लिए कवि अंग्रेज़ीदां शब्दों के प्रयोग से चूकता नहीं है—

'एस्थटेटिक-सेन्स'
कुछ अधिक है–मुझे बचपन से
'रेशियो' ना हो तो
कोई भी शै नहीं जँचती/

लोकतन्त्र का उठा जनाज़ा
हर कुर्सी पर बैठे राजा
राजा बन बैठा हरजाई
चरखा काते यहाँ कसाई
गाँधी! तुमको बहुत बधाई...!!

उपर्युक्त कवितांश को पढ़ते हुए 'साहब' का चरखा कातने का दृश्य सामने आ जाता है। सत्ता तन्त्र की क्रूरता व पाखण्ड को कवि इंगित करता चलता है अपनी कविताओं में—

सड़क जब किसी तीर्थ में पहुँचती है
तो अपवित्र कर देती है
पवित्रता के पाषाण को
उगा देती है भद्दे बाजार
जो ढक देते हैं मन्दिर-मजार

उपर्युक्त कवितांशों को पढ़ते हुए विश्वनाथ कॉरिडोर, वरुणा कॉरिडोर और अयोध्या की काया-पलट याद आती है। राम के नाम पर जो मार-काट मची है दशकों से, स्वाभाविक है कि कवि उससे आज़िज़ है—

ऐ श्रीराम, रघुपति राघव, ऐ मेरे मर्यादा पुरुषोत्तम
ये आपकी दौलत आप सम्हालें
मैं बेबस हूँ
आग और ख़ुन के इस दलदल में
मेरी तो आवाज़ के पाँव धँसे जाते हैं।

किसानों और किसान जीवन के चितेरे प्रेमचन्द को कवि बार-बार

सकारात्मक तौर पर याद करता है। व्यापारी या श्रेष्ठि वर्ग की हरकतों से तंग है कवि और उनके प्रति उसकी चिढ़ स्पष्ट अभिव्यक्त होती है—

सरयू सतर्क!
तेरे अमृत-जल में
घुल रहा है
बनियों का मल!
...
सरयू सतर्क!
तुझे ज़हरीला करने
अयोध्या में आ गयी है
धनिकों की रखैल राजनीति!!

अयोध्या और समूचे रामपथ में भाजपा की हार के कारकों को इन कविताओं में देखा जा सकता है। पर मारवाड़ियों, बनियों व हिजड़ों के लिए कवि की भाषा पूरे समुदाय को जिस तरह लांछित करती है, वह कहीं से उचित नहीं है। बनारस का यह कवि धर्म को किस तरह देखता है वह ध्यान खींचता है—

मैं देखता हूँ धर्म को
एक भिखारी बच्चे की तरह
चमचमाती लम्बी कारों
और ऊँची-ऊँची कोठियों के सामने
धूप बरसात में गुहार लगाते हुए
कि उनकी खिड़कियाँ खुलें
और चन्द चिल्लर
धर्म की दरिद्र हथेली पर आ गिरें!!

किताब में जहाँ-तहाँ कुछ तस्वीरें हैं जो किताब को सुन्दरता प्रदान करती हैं।

—**कुमार मुकुल**
समीक्षक
पटना

कृतज्ञता ज्ञापन

"कृतज्ञता की अभिव्यक्ति ही वास्तविक कविता है... कृतज्ञ हृदय ही वास्तविक कवि!"... ऐसा मैं मानता हूँ! मेरे देखे कोई भी बिना कृतज्ञता भाव के न तो कविता कर सकता है और न पढ़-सुन सकता है। कृतघ्न मस्तिष्क को कविता कभी भी समझ में नहीं आती है।

'महँगी कविता'... यह मेरे जीवन की पहली प्रकाशित कविताओं का संग्रह है (जिनमें अधिकांश मेरे अपने स्वभाव की जन्मी नहीं अपितु मुझ पर पड़े सामाजिक या सांसारिक प्रभाव से जन्मी हुई समसामयिक कविताएँ हैं!)। यह पुस्तक सामान्य हिन्दी साहित्य की पुस्तकों की अपेक्षा कुछ अधिक महँगी है (मूल्य पच्चीस हज़ार रुपये) जो अपने आप में एक साहित्यिक बाज़ार की एक धृष्टता भी कही जा सकती है और मज़ेदार ढंग से एक बड़े साहित्यिक वर्ग ने इसे इसी तरह से लिया भी (जो प्रत्याशित भी था)। मैं उनके इस रवैये का एहसानमन्द हूँ। किन्तु साथ ही साथ बहुत से साहित्य प्रेमियों ने इसे धृष्टता नहीं अपितु एक साहसिक पहल की तरह भी लिया और इसके पक्ष में आये, इसे पढ़ा और इस पर अपनी समालोचनाएँ लिखीं (जिनमें कुछ मूर्धन्य विद्वानों की आलोचनाएँ इस पुस्तक में शामिल की गयी हैं)। मैं उनका भी हृदय से कृतज्ञ हूँ।

मैं मूलत: प्रकृति के जंगली आँचल से कविता के सुमन चुराता रहता हूँ, बहुत मुश्किल से मनुष्यों के बनाये रुग्ण नगरों में प्रवेश करता हूँ और जब भी मेरा इधर आना होता है तो विक्षिप्त मनुष्यता के संक्रमण से कुछ व्यग्रता और विक्षोभ मेरी भाव भाषा में भी प्रवेश कर जाता है। इसे कदाचित समसामयिक कविता कहते हैं।

'महँगी कविता' का प्रथम संस्करण अपने एक वर्ष में ही समाप्त हो गया, जो आश्चर्यजनक रहा। एक पुस्तक जिसे हिन्दी साहित्य के आधुनिक इतिहास की सबसे महँगी पुस्तक कहा गया और जिसकी कुछ एक प्रतियों के विक्रय

पर भी घोर आशंका थी उसकी इतनी प्रतियाँ (ऑनलाइन और ऑफलाइन) बिक जाना एक सुखद और आशावान घटना की भाँति देखा जाना चाहिए। मैं इसे हिन्दी क्षेत्र में 'ज्ञान के वैभव' की स्वीकार्यता की तरह देखता हूँ। यद्यपि अनेक विद्वान मुझसे असहमत हैं और होंगे भी, परन्तु मैं अपने मत और प्रयोग के लिए स्वतन्त्र था और रहूँगा। मेरे प्रयास में यह पुस्तक 'ज्ञान और भाषा के मूल्य' के प्रति एक प्रकार की 'काव्यात्मक क्रांति' रही है। इस पुस्तक में कई प्रश्न है और कुछ उत्तर भी। पाठकों ने इसे कितना सराहा और कितना व्यर्थ समझा, वह तो वही जानें परन्तु कुछ साहित्य मर्मज्ञ साथियों ने 'महँगी कविता' को पढ़ कर अपने मत व्यक्त किये हैं जो इस नये लघु संस्करण में पाठकों के वास्ते उपलब्ध हैं!

मैं कृतज्ञ हूँ सुविख्यात साहित्यकार अनामिका जी का जिन्होंने मेरी अनेक कविताओं में से चुन-चुन कर मेरे कई संग्रह बनाये हैं जिनमें से एक छप चुका, एक और आपके समक्ष है और अन्य भी कभी न कभी आप तक आयेगे। साथ ही साथ मैं अपने प्रकाशक 'वाणी प्रकाशन' का कृतज्ञ हूँ जिसने बड़े साहस के साथ अनेक आलोचनाओं का सामना करते हुए भी मेरे इस नवल प्रयोग (महँगी किताब छापने के) में मेरा साथ दिया और इसे एक नये विमर्श तक पहुँचाया। श्रीमान अरुण माहेश्वरी जी और साहसी अदिति माहेश्वरी जी के प्रेम और सहयोग को सदा याद रखूँगा।

मेरी कृतज्ञता सुकवि ओम निश्चल जी के प्रति है जिन्होंने न केवल महँगी कविता का विमोचन किया था अपितु उस पर पहली समालोचना भी लिखी और मुझे प्रोत्साहन दिया। यह कम ही होता है जब कोई साहित्य जगत में हो और दूसरे साहित्यकारों के प्रति इतनी निश्छल उदारता प्रस्तुत करता हो। मैं कृतज्ञ हूँ मेधावी कवि और लेखक 'बोधिसत्व' जी का जिन्होंने अपने क़ीमती समय में से विशेष समय निकाल कर मेरी पुस्तक को पढ़ा और उस पर अपना मत बड़ी उदारता से दिया। हिन्दी के प्रख्यात समालोचक 'कुमार मुकुल' जी का कृतज्ञ हूँ जिन्होंने महँगी कविता को बड़ी निष्पक्षता से पढ़ा और बेबाक राय रखी। मेरी कृतज्ञता मेरे मित्रवत 'प्रोफ़ेसर आनन्द सिंह' जी के प्रति भी है जिन्होंने बड़ी विद्वत्तापूर्ण दृष्टि से मेरी कविताओं की शल्यक्रिया करते हुए विवेचना की है। और मेरे अत्यन्त प्रिय जनकवि 'आदरणीय उदयप्रताप सिंह' जी का एहसान तो ताउम्र मुझ पर रहेगा जिन्होंने न केवल मेरी किताब को सबसे पहले क्रय किया

अपितु इसके प्रचार और प्रसार में भी बड़ी भूमिका निभायी। उनका प्रेम और सरलता मेरे लिए अमृत-सा रहा है, यही कारण है कि इस नये संस्करण को मैंने आदरणीय उदय प्रताप जी के नाम किया है।

मेरी कृतज्ञता अद्भुत अभिनेता पंकज त्रिपाठी जी, मृदुला त्रिपाठी जी, अनोखे अभिनेता अली फ़ज़ल साहब, विख्यात गायक कुमार सानू जी, उदित नारायण जी, चरित्र अभिनेता सौरभ शुक्ला जी, निर्माता-निर्देशक राजकुमार संतोषी जी और सुविख्यात निर्माता बोनी कपूर जी के प्रति भी है जिन्होंने इस पुस्तक से जुड़ कर इसे एक चमक प्रदान की है।

अन्त में मेरी कृतज्ञता साकिब और हितेश के प्रति है जो हमेशा मेरे साथ बने रहते हैं...और आप सब पाठकों के प्रति जिन्होंने मुझे पढ़ने लायक समझा है।

5.07.2025 **ओमा The अक्**

महँगी कविता

मेरी कविताएँ बहुत महँगी हैं
जैसे महँगी है
प्रेमी की नींद
धनिक की स्वतन्त्रता
निर्धन की आवश्यकता
रोगी की जीवटता
भोगी की भक्ति
योगी की शक्ति
उपवन का फाग
क्रांति की आग/

मेरी कविताएँ बहुत महँगी हैं
जैसे महँगी हैं
पुरनियों की छुवन
स्मृतियों की चुभन
साँसों की लड़ी
परीक्षा की घड़ी
प्रतीक्षा की रात
बिगड़ी हुई बात
छूटती हुई प्रीत
टूटती हुई रीत/

मेरी कविताएँ बहुत महँगी हैं

जैसे महँगी हैं
सोच की सच्चाई
प्रेम की गहराई
धरती पर हरियाली
ग़रीब की ख़ुशहाली
शहरों में शान्ति
देश में क्रान्ति
भादों में रवि
निर्भीक कवि...!!

24/03/2022

ड्यूड

हम इक्कीसवीं सदी से आते हैं
यहाँ हम इन्सान नहीं 'आई डी' हैं/
संस्कार नहीं 'स्टेटस' हैं
और 'स्टेटस' रोज़ बदल जाते हैं/
हम इक्कीसवीं सदी से आते हैं...!!

हम कपड़े-वपड़े नहीं पहनते,
'ब्रांड्स' पहनते हैं,
मगर—
वो लोग नंगों से अधिक बेइज़्ज़त हैं
जो 'ब्रांड्स' नहीं पहन पाते हैं/
हम इक्कीसवीं सदी से आते हैं...!!

हम महाशय नहीं 'ड्यूड' हैं
तहजीब की जगह 'एटीट्यूड' हैं
हम श्रद्धा से अधिक 'लाइक' में विश्वास रखते हैं/
घर से अधिक 'टिक-टॉक' में पाये जाते हैं/
हम इक्कीसवीं सदी से आते हैं...!

हमारे मकान जंगलों में घुसते जा रहे हैं/
और जंगल मकानों में जगह पा रहे हैं/
'मोबाइल-टॉवर्स' की तरंगों से
पंछियों को मौत आ रही है/

हम सुबह-शाम 'व्हाट्सएप' पर
'एनवायरनमेंट -अवेयरनेस' लाते हैं/
हम इक्कीसवीं सदी से आते हैं...!

हम भाषा से 'स्लैंग' पर आ गये हैं/
कुटुम्ब से 'गैंग' पर आ गये हैं/
नदियों को बाँध निगल रहे हैं/
जबकि हम
'वेब-सीरीज़' में गोते लगाते हैं/
हम इक्कीसवीं सदी से आते हैं...!

निगाहों-निगाहों में इश्क़ पुरानी कहानी हैं/
अब तो 'टिंडर-ग्राइंडर' में भटकती जवानी है/
'फ़िराक़-ओ-विसाल' की जगह 'हुक-अप'
'ब्रेकअप' ने ले लिया/
दर्द के गीत हम 'शेयर चैट' पे सुनाते हैं/
हम इक्कीसवीं सदी से आते हैं...!

हम 'कंज्यूमर' हैं, इन्सान नहीं/
हमारे पास मज़हब हैं, ईमान नहीं/
हम 'बूज और बिड्स' से त्योहार मानते हैं/
और सूचनाओं के समुद्र में 'नॉलेज' का 'क्रूज' चलाते हैं/
हम इक्कीसवीं सदी से आते हैं...!

हमारे पास एक 'कल्चरल-फ्यूजन' है/
हमारा 'माइंड' 'कॉन्टिनिवस-कंफ्यूजन' है/
हमारे ज़हन पर 'एवेंजर्स' की छाप है/
हम ज़ुबान से 'वन्दे-मातरम्' गाते हैं/
हम इक्कीसवीं सदी से आते हैं...!!

1/9/2019

चाँद!

चाँद!
तुम नानी की कहानियों में
मेरे मामा बने
जितने प्यारे लगते थे/
अमेरिकन झंडे के नीचे
उतने ही कुरूप लगते हो...

चाँद!
तुम करवाचौथ के दिन
माँ के हाथों में पड़े परात के
गंगाजल में
जितने पवित्र लगते थे /
नील आर्मस्ट्रांग के जूतों तले
उतने ही अपवित्र लगते हो...

चाँद!
तुम ईद की शाम में
ज़रा सा झलक कर
जितने ताब-दार लगते थे/
सैटलाइट से
उतने ही फ़ीके और बेकार लगते हो...

चाँद!
तुम मिरो-ग़ालिब की ग़ज़ल में
जितने मुलायम लगते थे
नासा की जानकारियों में
उतने ही ऊबड़-खाबड़ लगते हो...

चाँद!
तुम पराशर के ज्योतिष में
जितने रहस्यमयी लगते थे
विज्ञान की किताबो में
उतने ही
सामान्य लगते हो...

चाँद, तुम कवियों के स्वप्न थे!
चाँद, तुम बच्चों के दोस्त थे!
चाँद, तुम ज्योतिषियों की गणित थे!
चाँद, तुम रोज़ेदारों की ईद थे!
चाँद, तुम पत्नियों का सुहाग थे!
चाँद, तुम देवता थे...!

ये इक्कीसवीं सदी में तुम्हें किस पाप का दण्ड मिला
गौतम का शाप तो सतयुग में लग चुका था कलंक बन कर...।

ओह! शायद अहल्या का मौन शाप बाकी रह गया था
उसके 'पत्थर' होने की पीड़ा
युगों पश्चात्-तुम्हे देवता से
अन्तरिक्ष में चक्कर लगाता
एक पथरीला पिण्ड बना गयी...!!

13/09/2016

किताबें

किताबें मेरे घर में
ऐसे रहती हैं
कि जैसे रहते हैं
परिवार वाले...
कई हमउम्र हैं मेरी
मेरे बचपन की साथी हैं
मेरे आने से पहले
या ज़रा-सी बाद में आयीं
मगर है दोस्ती अच्छी
ये बहुत बतियाती रहती हैं
कई क़िस्से कहानी
इनके-उनके लाती रहती हैं।
शरारत भी कई करती हैं,
कुछ तो 'नॉनवेज' भी हैं
मैं नैतिकता बघारूँ तो
मुझे सब मुँह चिढ़ाती हैं/
कई नवजात हैं
मेरे ही आगे पैदा होकर
मेरे घर में टहलती हैं
नयी बातें हैं इनमें
कुछ नये सपने भी इनके हैं।
यहाँ तक बोलियाँ भी

अब बहुत बदली-सी लगती हैं
ये 'जेनरेशन की गैपिंग' है
कि 'गैपिंग वाली जेनरेशन'
मगर जो कुछ है,
है तो है
निभाना इनसे तो होगा/
मेरा घर दिखता है 'मॉडर्न'
मगर है संस्कारी-सा
बुजुर्गों की यहाँ पर
अहमियत कुछ ज़्यादा रहती है
भले कुछ काम के न हों
मगर है नाम इनका ही
जो हम अपने सरों पर बाँध कर
'सरनेम' धरते हैं
सो इनका ख़्याल रखना
ध्यान देना, धर्म है अपना/
चुनांचे! ये पुरनिया पुस्तकें
ऊपर के हिस्से में
पड़ी रहती हैं
त्योहारों पे ही नीचे उतरती हैं
अदब से सर झुका कर
सारे इनको घेर कर सुनते,
ये बूढ़ी हो गयी हैं
इसलिए यादें सुनाती हैं
कभी दिल ऊबने लगता है
जब दोहराती जाती हैं
इन्हें कितना भी समझाओ
नयी दुनिया के बारे में
नही सुनती हैं कुछ

उल्टा उन्हें थोथा बताती हैं/
मैं अपनी इन किताबों में
बहुत मशग़ूल रहता हूँ
ये इनके संग का फल है
जो इतना ‘कूल’ रहता हूँ
मेरी हर बात में
इनकी झलक आ-आ के हँसती है
मेरे हर लफ़्ज़ में
इनकी दुआएँ ही तो बसती हैं/
मैं ख़ुशक़िस्मत हूँ
जो इनके घराने में हुआ पैदा
बड़ी तक़दीर होगी
गर इन्हीं में मर के मिल जाऊँ..!!

10/10/2020

कुत्ते

'कुत्ते-कुत्ते' ही होते हैं
चाहे गलियों में
हड्डी-रोटी की तलाश में
भौंकते भटक रहे हों
या किसी आलीशान
सोफे पर
'हेल्दी-मील' सटक रहे हों
'नेचर' और 'कैरेक्टर'
एक ही रहता है,
इनकी बिरादरियों में फ़र्क़ हो सकता है
पर इरादों में नहीं
'पेट और पेट के नीचे तक ही
सीमित होती है इनकी दुनिया..!'
चाहे ये कितने
झबरे और मुलायम हों
चाहे खबरे और कुरूप
इनको एक ही तलब होती है
'एक अदद पट्टा'
जिस जिस कुत्ते के गले में
ये पट्टा पड़ा होता है
वो-वो कुत्ता
दूसरे कुत्तों से थोड़ा बड़ा होता है/
वास्तव में 'पट्टे की क़ीमत'

कुत्ते की औकात होती है
इस लिए हर 'एम्बीशियस-कुत्ता'
किसी 'संगेमरमरी-भवन' में
प्रवेश पाना चाहता है
और इसके लिए
वो कितनों के तलवे चाटता है
'चाटते-चाटते' उसकी ज़ुबान
लम्बी हो जाती है
लगभग उसकी दुम जितनी
इसीलिए कई 'वफादार-कुत्ते'
अपने मालिक की ख़ुशी के लिए
अपनी दुम तक कटवा लेते हैं
ताकि उनके 'इमोशन'
उनके 'प्रोफ़ेशन' के बीच न आयें/
मगर अधिकतर चालाक कुत्ते
अपनी दुम को
अपने 'परपज' के साथ
'एडजस्ट' करना सीख जाते हैं
'वास्तव में! हर कुत्ते की जीभ उसकी रीढ़ तोड़ कर
उसके दुम में प्रवेश कर जाती है
फिर लालच के साथ-साथ
झुकती है
उठती है
फड़फड़ाती है'
इसलिए जब कुत्ते को दुम हिलाते देखना
तो समझ लेना
इसकी जीभ ने अभी-अभी
कोई फ़रमाइश की है
और जब पालतू कुत्ते भौंकने लगें
तो जान लेना

उनके मालिकों ने
'ऐसी-ख़्वाहिश' की है/
यक़ीनन! बहुत सारे कुत्ते
'इतना नहीं सीख पाते'
इसलिए बेकार
गलियों में भौंकते
भटकते
बिलबिलाते
घबराते हैं/
समाज में—
ये बहुत बड़ी संख्या में रहते हैं
जो पुरानी परम्परा सिद्ध करते-करते
कुत्ते की मौत मर जाते हैं...!

16/4/2020

(समाज के भीतर का घिनौना सच)

जंगल में...

जंगल में हिंसा तो होती है
षड्यंत्र नहीं

जंगल में भय तो होता है
चिन्ता नहीं

जंगल में शत्रुता तो होती है
घृणा नहीं

जंगल में संघर्ष तो होते हैं
सन्देह नहीं

जंगल में नियम तो होते हैं
नीतियाँ नहीं

जंगल में पीड़ा तो होती है
शोक नहीं

जंगल में आखेटक तो होते हैं
हत्यारे नहीं

जंगल में सहवास तो होता है
बलात्कार नहीं

जंगल में व्यवसाय तो होता है
व्यापार नहीं

जंगल में रहस्य तो होते हैं
गुप्तचर नहीं

जंगल में देवता तो होते हैं
मन्दिर नहीं

जंगल में सबकुछ पवित्र होता है
क्यों कि जंगल में
मनुष्य नहीं रहते ...!!

22/03/2025

अरे! तू 'बोलता' है...!

अरे! तू 'बोलता' है...!
अगर तू बोलता है
'पूछता' भी होगा फिर तो...?
मेरा मतलब है
कि मिट्टी में तेरी
बीज प्रश्नों के गिरे तो
बनके बरगद
घेर लेंगे सब इलाक़ा/
क्योंकि जैसे एक बरगद
अपने हर रेशे से
इक बरगद खड़ा करता है, वैसे
प्रश्न की भी प्रकृति है
एक से दो
और दो से सैकड़ों
हो जाते हैं ये प्रश्न
और फिर ध्वस्त कर देते हैं
सब-के-सब महल
जो 'आस्था और आस' के
ऊपर खड़े हों!

इसलिए
तू है बड़ा ख़तरा
हमारी आस्था-विश्वास

और 'एकात्मकता' पर!

इसलिए
हम काटने का हुक्म देंगे जीभ तेरी/
क्योंकि इसको 'चाटने' की छूट है
इस 'लोकमत' में
बोलने और पूछने का गुण
बड़ा दुर्गुण है
इसको नेस्तनाबूद कर के ही
कोई भी राष्ट्र विकसित हो सका है!
और हम इस 'प्रोग्रेस' करते समय में
कोई रोड़ा
'जीभ कोई'
'टॉलरेट' न कर सकेंगे!

हाँ! अगर तू बोल सकता है
तो तुझको बोलने की छूट
हम इक शर्त पर देंगे
कि 'तेरे बोलने में
चाटने के हुनर के लहजे मिले हों...!'

10/12/2019

गांधी!

तुम एक कम्बल हो
जिसे लपेट कर
तमाम हत्यारे
पवित्र हो जाते हैं!
तमाम झूठे
सत्यवादी दिखते हैं!
तमाम कमीने
महान बन जाते हैं!

गांधी!
तुम एक ऐसा चरखा हो
जिसमें से निकली सूत
बस नये-नये
जाल बुनने के काम आती है
जो ज़रा-सी जागती अवाम को
'संयम' के फरेब में
रह-रह कर उलझाती है!

गांधी!
तुम एक ऐसा चश्मा हो
जिसे पहन कर
सब कुछ 'साफ़-साफ़'
दिखता है

चाहे वो कितना भी 'मैला' क्यों न हो!
गन्दगी का थैला क्यों न हो!

गांधी!
तुम एक समस्या बन गये हो
क्यों कि तुम्हारे विचार
'एक' की अवधारणा को पुष्ट करते हैं
और कोई भी जनतन्त्र
'सब-के' साथ ही
जीवित रह पाता है
किसी 'एक' का हो कर
तो बेमौत मर जाता है...!

20/12/2019

टेरिटरी

'आदमी जंगलों में ही भला था
बाहर आया
तो जंगल साथ लाया
क्योंकि जंगल अस्तित्व है
वो ख़त्म नहीं होता
स्थूल से सूक्ष्म हो जाता है
देह से
चरित्र!

देखा है मैंने मनुष्य के भीतर जंगल हर बार!

उसकी खोपड़ी में
कोबरा
करैत
'रैटलस्नेक'
और 'टरन्तुला-मकड़ी'!

उसकी आँखों में गिद्ध
कानों में चमगादड़
नाक में शेर
ज़ुबान में कुत्ता
दाँतों में घड़ियाल
गले में कोयल

बाज़ुओं में अजगर
कन्धों में चींटी
पीठ में दीमक
हथेलियों में चील
कलेजे में तेन्दुआ
दिल में दलदल
पेट में छछून्दर
यौनांगों में 'एंटीएकीनस'
पैरों में हिरण
रगों में जहरबेल
और मन में
दम्भ की कई पहाड़ियाँ खड़ी मिलती हैं
और मिलते हैं
जज़्बातों के
लिबलिबे नाले
ख़्वाबों के
छोटे-छोटे झरने
एहसासों की
मीठी-मीठी नदियाँ/
सब आपस में गुत्थमगुत्था करते
एक मनुष्य का घेरा लिए भटकते रहते हैं..!

हाँ, एक फ़र्क़ है—
इन्सानी जंगल में
यहाँ किसी को
अपनी 'टेरिटरी' की मर्यादा नहीं पता होती..!'

15/12/2018

मुफ़लिस की ईद

‘अभी-अभी जो चाँद खिला
अभी-अभी जो दीद हुई है’
घर को भगा नन्हा ‘फ़ज़लू’
बोला–‘अम्मी! ईद हुई है!’

अम्मी-अम्मी सुबह सबेरे
मुझे उठाना फिर नहलाना
पैजामा, अचकन और टोपी
नये-नये कपड़े पहनाना/

जाऊँगा सजधज कर मस्जिद
जैसे ‘कोठी वाले’ बच्चे
ईदगाह में सब बोलेंगे
फ़ज़लू दिखते कितने अच्छे/

ईदी देना ज़्यादा अबकी
बहुत-बहुत मैं हाट करूँगा
अच्छी-अच्छी चीज़ें लूँगा
उस रोज़े तक ठाठ करूँगा/

मीठी-मीठी भुनो सेवइयाँ
कल नमाज़ पढ़ते है खानी

कितनी लज़्ज़त वाली होंगी
देखो मेरे मुँह में पानी/

लेकिन ये क्या आँख में पानी
अम्मी का चेहरा कुम्हलाया
रुँधे हुए गले से बोलीं—
फ़ज़लू तुझको था समझाया/

बीत गये वो दिन रौनक के
त्योहारों के सारे मौसम
होली-ईद-दिवाली सब में
वही ग़रीबी/वो ही मातम/

लाल! पड़े खाने के लाले
कपड़े-वपड़े कहाँ सिलाऊँ
घर में गुड़ की ढेल नहीं है
दूध-सेवइयाँ तुझे खिलाऊँ/

ये निज़ाम दौलतमन्दों का
यहाँ ग़रीबी एक वबा है
ईद-दिवाली उन लोगों की
अपनी ख़ातिर सिर्फ़ सज़ा है/

ओ मेरे मासूम फ़रिश्ते!
आ मेरी गोदी में सोजा
मेरा बोसा तेरी ईदी
मुफ़लिस के घर सौ-दिन रोज़ा..!!'

13/05/2021

(लॉकडाउन और महामारी के दौरान पड़ती उदास ईद के नाम)

हम देखेंगे!

निश्चित है कि हम भी देखेंगे
वह दिवस भविष्यत में जो है
उद्घोषित करते हैं पुराण
बन कर कपास उड़ जायेंगे
जिस दिवस पाप के सब पहाड़
हम देखेंगे!

हम पीड़ित जनता के पग में
जब पृथ्वी धड़ धड़ धड़केगी
तानाशाहों के मस्तक पर
भीषण सौदामिनी कड़केगी
हम देखेंगे!

जब परमेश्वर के प्रांगण से
प्रतिमाएँ सभी हटा देंगे
ईश्वर साधारण जनता को
ऊँचे पद पर बैठा देंगे
हम देखेंगे!

सब राजमुकुट छितराएँगे
सब सिंहासन ढह जायेंगे
गूँजेगा केवल 'महादेव'
जो द्वैत भी है, अद्वैत भी है

जो द्रष्टा भी है, दृश्य भी है
उद्घोषित होगा 'तत्वमसि'
जो मैं भी हूँ, और तुम भी हो
तब राज्य करेंगे जीवमात्र
जो मैं भी हूँ और तुम भी हो..!!

04/01/2025

(फ़ैज़ अहमद फ़ैज़ की लाजवाब नज़्म का सनातनी रूपान्तरण)

भगदड़

भगदड़ थी जी
थोड़ी भगदड़
थोड़े से कुछ लोग
हताहत!
हो जाता है!
बड़े बड़े आयोजन में
कुछ ऐसा वैसा हो जाता है
भीड़ कहाँ रोके रुकती है
भीड़ की सब की सब ग़लती है
और है ग़लती उन मूर्खों की
जो गलती ठिठुरी रातों में
गठरी गठरी धर्म उठाये
छाले छाले पाँव बढ़ाते
कहाँ कहाँ से आ जाते हैं
कहाँ कहाँ पर सो जाते हैं
भीड़ चढ़ी चढ़ती जाती है
'भीड़ पाँव है आँख नहीं है'
पाँव के नीचे कौन दबेगा
कौन घुटेगा कौन मरेगा
इससे किसको क्या लेना है
लेने वाले दूर बैठ कर
सारे भद्दे खेल खेलते
सारे भद्दे खेल देखते

उनको भीड़ जुटानी होती
उनको भीड़ बुलानी होती
उनको भीड़ बनानी होती
भीड़ बनी तो भेड़ बनेगी
भेड़ बनी तो ऊन मिलेगा
ऊन बुनेगा मोटा कम्बल
कम्बल में साहब लोटेंगे
कम्बल ओढ़ के घी घोटेंगे..!!

29/01/2025

(महाकुम्भ में आज हुई भयानक भगदड़ त्रासदी पर त्वरित भाव)

आधार कार्ड

'मैंने गंगा की दुर्दशा देख पूछा–
गंगा तुम दुबराती जा रही हो
कुपोषण का शिकार लगती हो
इलाज क्यों नहीं करवातीं?
प्रधानमन्त्री की आयुष्मान योजना में
मुफ़्त इलाज मिलता है!

गंगा ने उत्तर दिया–
'मेरे पास आधार कार्ड नहीं है
जन्म प्रमाण-पत्र भी नहीं
ठीक-ठीक यह भी याद नहीं अब
कि जब जन्मी थी
तब इस देश का नाम
और संविधान क्या था
मैं तो ब्रह्मा की रचना
शिव के प्रेम में
घर-बार छोड़ कर चली आयी
फिर बहती रही, बहती रही
रस्ते में हरियाली मिली
आचमन अर्चना मिली
फिर गन्दे नाले मिले
फैक्ट्रियाँ मिलीं
सब सहती गयी, सहती रही

किन्तु जब से बाँध दिया मेरी धारा को
मेरी सहनशक्ति ने जवाब दे दिया है
बात रुसवाई की है
पर कहती हूँ
ये सब किसी आक्रमणकारी ने नहीं
मेरी औलादों ने किया है!
और अब तो इस मुल्क में
ज़िन्दगी का आधार
प्रेम की जगह 'अंक' हो गये हैं
हर मोड़ पर 'गणित के पंक' हो गये हैं
मैं अनपढ़ वनवासी
अपने जीने का आधार समझाऊँ कैसे?
भूली-भाली
भोली-भाली हूँ
अपने होने के सबूत में
क़ाग़जात दिखलाऊँ कैसे?
सुनो बस मेरा एक काम कर दो
मेरी धारा में थोड़ा और विष भर दो
ताकि 'निष्कासन' से पहले ही
अपनी मिट्टी में मर जाऊँ
मैं जगततारिणी
स्वयम् ही तर जाऊँ...!'

06/02/2020

(गंगा की दुर्दशा पर डॉ. मुरलीमनोहर जोशी जी के व्यंग पर गंगा का आधार कार्ड बनवाओ'को सुनकर जन्मी कविता)

डाकिया

वो लेकर साइकिल 'ए-वन' की
उन गलियों में आता था!

जहाँ घर सट के बैठे
रात-दिन बतियाते रहते थे
मुँडेरे मुँह दबा कर
इसपे-उसपे हँसती रहती थीं/
दरीचे अधखुले
गोया, किसी की इन्तिज़ारी हो
कि कोई हो इशारा
सामने की 'बॉलकोनी' को बस!
गली हिचकोले लेती
क्या मटकती-सी टहलती थी
उठा कर जल भरे 'प्याऊ'

ज़रा छलकी
ज़रा बहकी/
वो नलके शेर वाले
चेहरे पहने
शोर करते थे
अधरे-मुँह से
गुर्राते-गरजते थे

बरसते थे/
खनकती थीं गगरियाँ
बाल्टियाँ
जब सुबह-शामों में
झगड़ती थीं कभी आपस में
लेकिन फिर वहीं मिलतीं
ये मसले प्यास के इक-रोज़ में भी हल हुए हैं क्या?
पके-रिश्तों की ईंटों से
मुहल्ला एक बनता था
मकानों से नहीं
घर से
दुआरों से
औ आँगन से!

वो आँगन में खड़ा हो कर के
जब आवाज़ देता था
तो धड़कन दिल की बढ़ जाती थी
जाने क्या सुनायेगा
न जाने कौन-से रिश्ते ने
अपना हाल भेजा हो!
अगर हल्दी लगी हो कार्ड पे
तो लेगा बख़्शीश भी
मगर कोना फटा होगा
तो पढ़ के फाड़ भी देगा/
कभी पीले चवन्नी-छाप से
पोस्टकार्ड के ऊपर
जो महँगा-सा कोई एहसास
मिल जाता
तो मत पूछो,

लहू की बूँद
चुपके-चुपके
चिट्ठी पर टपक जाती/
छुपा कर
छत पे पढ़ने का मज़ा
उस शख़्स से पूछो
कि जिसके नाम से
गुमनाम नीली चिट्ठियाँ आतीं/
कभी सूखी-चमेली
तो शिगूफ़ा कोई गुलशन का
लिफ़ाफ़े में
बड़ी चोरी से छुप के
मिलने आ जाते/
नमक में भीगे-भीगे से
लबों के सुर्ख़ से धब्बे
किसी बेचैन से दिल को
न पूछो
कितना बहलाते/
कभी दीदी की राखी
सावनी कर देती आँखों को
कभी टीके से लिपटा
पाँच-दस का नोट मिल जाता
हज़ारों के हज़ारों नोट अब
वैसे नहीं लगते
न रंगत में
वज़न में
और न क़ीमत में
क़सम माँ की!
उस आँगन में दिवाली जैसा

इक माहौल होता था
जहाँ जाकर के
वो आवाज़ देता था–'मनीऑर्डर!'
वहीं उस दर पे
डर का
अनमना-माहौल दिखता था
जो हौले से
बुला कर बोल देता
'तार आया है!'

मुझे है याद
अब भी डाकिया वो
ख़ाकी वर्दी में
वो उसकी साइकिल
और भूरा-बस्ता दोश पर लटका/
छुपा कर जिसमे वो

ग़म और ख़ुशी का वक़्त लाता था
वो लेकर साइकिल 'एवन' की
उन गलियों में आता था!

31/12/2017

सड़कें

सड़क अकेली नहीं आती
वह साथ ले आती है शहर!

सड़क जब किसी गाँव के
क़रीब से हो कर निकलती है
तो काटती है आम और महुए के
गमकते हुए बाग़,
बोती है खेतों में कंक्रीट
दहकाती है लालच की आग!

सड़क जब किसी
जंगली बस्ती से गुज़रती है
तो फेंकती है कुरूप सभ्यताएँ
वहशी निगाहें
दौलत का दम्भ
फूहड़ वासनाएँ!

सड़क जब पहाड़ों की
ऊँचाइयों पर चढ़ती है
तो ऊँचाइयों को
नीचे का रास्ता दिखाती है
तोड़ती है–
पत्थरों में निहित शान्ति

बिछाती है हॉर्न की चीख़
बदबूदार डीज़ल का धुआँ
पेट्रोल की कालिख!

सड़क जब किसी तीर्थ में पहुँचती है
तो अपवित्र कर देती है
पवित्रता के पाषाण को
उगा देती है भद्दे बाज़ार
जो ढक देते हैं मन्दिर-मज़ार
आराधना से ऊपर होता है व्यापार
चलने लगता है भरोसे का रोज़गार!

सड़क अकेली नहीं जाती
वह साथ लिए जाती है
प्लास्टिक का कचरा
इंटरनेट के रेडिएशन
शराब की बोतलें
'म्यूज़िकल-पॉल्यूशन'
नशे के आधुनिक संसाधन
नशेड़ियों का अश्लील समूह
सभ्यता का नंगा नाच!

यही कारण है
कि धरती सबकुछ बनाती है
एक मात्र सभ्यता और उसकी क्रूर सड़कों को छोड़ कर
सबकुछ...!!

20/2/2022

चक दे इंडिया

हल्की-तेज बारिश का आलम
आवारा हवाओं की 'मटरगश्ती'
फिर, मर्कज़े-हिन्दुस्तान की
सबसे चमकीली-बस्ती–'कनॉट प्लेस'
इस भागती-दौड़ती दिल्ली की
बेहिस-सड़क
आज ठहरने को मज़बूर
क्योंकि–
उस पर इकट्ठा है
एक बौराई-भीड़
ख़िताबों-शराब के नशे में चूर,
भीड़ के हाथों टँगा
मौसमी-थपेड़ों का शिकार
लहराने को विवश
'नम-तिरंगा'
(जम्हूरियत का निशान बनने की
ख़ता जो कर दी आख़िरकार)
जवानी का कुदरती-ग़रूर
उस पर विलायती-शराब का सुरूर
चिल्लाता है नारा नया
चक दे इंडिया...
उँगलियों से बनता वी (V),
ये इशारा है पश्चिमी

क़तार की क़तार दमकती गाड़ियाँ
गाड़ियों से निकलती धमाकेदार अंग्रेज़ी धुन
जिस पर इंग्लिश में गाता कोई देश भक्ति गीत
उस पर मदमाते सैकड़ों-देश मीत
(कहाँ प्रीत की ऐसी रीत...?)
मुँह में सिगरेट
हाथों में बीयर
बदन पर 'ब्रांडेड आउटफिट'
'खोपड़ी' पर जीत का भूत
और ज़ुबान पर–
'पाकिस्तान की माँ की...'
चलो,
इस नये ज़माने ने
माँओं में भी फ़र्क़ पैदा कर दिया
बदल दी अक़ीदत–पुरानी
माँ हिन्दुस्तानी
माँ पाकिस्तानी...
यही है
'एडवांस-एज़' की पहचान
ग़ैर माँ को गाली
अपनी माँ को सलाम...
(सही कहा था शंकर ने
कुपुत्रो जायेत क्वचिदपि कुमाता न भवति)
इस बहरी-बाहरी
बहार में
किसी ने मुझसे भी कहा
इसी ख़ुमार में–
"हे मैन!
इंडिया वोन द फाइट अगेंस्ट पी"
मैंने पूछा–

"व्हाट डू यू मीन ब्वॉय पी.?"
डू यू वांट टू से
इंडिया वोन दि फाइट
अगेंस्ट 'पॉवर्टी'
ऑर 'पॉल्यूशन'
ऑर 'पॉपुलेशन प्रॉब्लम?'
इफ नॉट
सो व्हाट द हेल 'पी'!!
उसने कहा–
'पी' मीन्स पाकिस्तान!
मैंने पूछा–
तो कल से क्या लाहौर होगा
'हिस्सा-ए-हिन्दुस्तान?'
उसने कहा–
नहीं हिन्दुस्तान तो जीता है
क्रिकेट के मैदान में!!
हमारी मौज है
उसी की शान में
मैंने कहा–
हारता भी तो है
क्या खेल सिर्फ़ जीतना है?
क्या हार उसकी नियति नहीं?
और क्या खेल की
जीत और हार
ज़हन को ऐसे करती है
बे-इख़्तियार
कि वहशत में मचे
यूँ बवाल?
क्या सचमुच ये खेल है
या तिजारत की

सोची समझी चाल...!
फिर क्या यही है क़ौमी-रंग?
यही है देशभक्ति?
(किस चालाकी से मिलाई गयी है कुएँ में भंग)
कि एक तरफ–
देश की अस्सी प्रतिशत आबादी
दाने-दाने की लड़ाई लड़ रही है
वैमनस्यता की डायन
अपने नाख़ून-खोले बढ़ रही है
छुपे-दुश्मनों की सेना
दोस्त बन कर
सीमाओं पर चढ़ रही है
बुढ़ापा भ्रष्टाचार का शिकार
जवानी हवस में सड़ रही है

दूसरी तरफ–
एक 'जेंटलमैन-गेम' कि
जीत और हार पर
नौ-धनाढ्य जनता
आतिशबाज़ी फोड़ रही है
क्या तिरंगा लहराना भर है
हिन्दुस्तानी की पहचान?
क्या सिर्फ़ तकिया कलाम है
मेरा भारत महान...?
जबकि हमारे जिस्म में
'मैक-डी' से लहू बन रहा हो
हमारी साँसों में
'बेन्सन-हेजेज' का धुआँ बह रहा हो
हमारी जेबों में
'आई. सी. आई. सी. आई.'

का ‘क्रेडिट-कार्ड’ हो
और कोई खेतिहर-किसान
हमारे ‘होमलोन’ से तैयार
‘अपार्टमेंट’ का गार्ड हो...
मैं चीख़ता रहा
सर्द-रात के सन्नाटे से
आगाह करते
चौकीदार की मानिंद
मगर कितनी बेबस थी
मेरी ‘जायज़-उम्मीद’...
मुझे अनसुना कर नाचता रहा मेरे गिर्द
‘भ्रामक-विजय का उन्माद...’
परन्तु,
यही तो अन्तर है
‘आनन्द’ और ‘उन्माद’ में,
आनन्द होता है ‘चिर-सनातन’
उन्माद होता है ‘क्षणिक, नश्वर’
अत:
वही हुआ
किसी ‘वायरल-फ़ीवर’ जैसा
चढ़ा ये उन्माद
अतिशीघ्र पड़ गया ‘माँद’
और लोग
लड़खड़ाते-डगमगाते
अपनी-अपनी
‘शहरी-माँदों’ में लौट गये...
जानता हूँ!
ये ग़रूर
ये सरूर
सब सुबह होंगे काफ़ूर!

बाक़ी बचेगी
तो बस–
वही 'पॉवर्टी'
वही 'पॉल्यूशन'
और वही 'पॉपुलेशन-प्रॉब्लम'...
'बियर' की बदबू के संग
'टॉयलेट' में ही छूट जायेगा
देशभक्ति का सारा 'पैशन'
कमरे में कहीं
फेंका पड़ा होगा
सीलन से महकता 'तिरंगा'
और सेंटेड हो रही होगी
कोई 'अमेरिकन जीन्स'
या 'इटालियन शर्ट'
बज रहा होगा कोई
'जापानी' मोबाइल
सज रहा होगा कोई 'विदेशी-मॉल'
मगर उन 'ए.सी.' कमरों के बाहर
जल रहा हो
वही पारम्परिक
मज़दूर, खेतिहर, साधक
हिन्दुस्तान...
इलाही!
आख़िर कब जागेगा
ये सोया हुआ 'नौजवान'
और ठानेगा–युद्ध
नहीं किसी 'पाकिस्तान' से
बल्कि अपनी ही वास्तविक पहचान से
जब सामने होगी–
'लाचारी'

‘ग़रीबी’
‘भुखमरी’
‘बीमारी’
‘भ्रष्टाचार’
‘नशाखोरी’
‘हिंसा’
‘मक्कारी’
‘चोरी फ़रेब’
‘छुआछूत’
‘जात-पात’
‘देनदारी’
तब ताक़त बनेगी–
‘स्वराज की सोच’
‘मिट्टी की ईमानदारी’
उस महा समर में
छलकेगा जो आनन्द’
उससे उमड़ेगा ‘सच्चा-गर्व’
स्वयं की अकूत सम्पदा पर
अपनी नदियों
पहाड़ों
खेतों
खलिहान
मेहनतकशों
विद्वानों
पुरनियों
और जवानों पर
तब स्वयं उठेगा तिरंगा
और रंग देगा सारा आकाश
तब जागेगा नया सूर्य
और उद्घोष करेगा उसका

दमकता-चमकता प्रकाश
चक दे इंडिया
चक दे इंडिया
चक दे इंडिया

24/8/2007

(भारत द्वारा प्रथम 20/20 वर्ल्ड कप जीतने पर)

गांधी! तुमको बहुत बधाई!

रोज़-रोज़ बेटी लुटती है
रोज़-रोज़ मुफ़लिस मरते हैं
खेत जोतने वाले भूखे
रस्सी में गर्दन धरते हैं
हिन्दू-मुस्लिम रोज़ लड़ रहे
मन्दिर-मस्जिद आग भर रहे
झण्डे से झण्डे टकराते
डण्डे-डण्डे बढ़ते जाते/
रंगों की भी जात बन गयी
मक्कारों की बात बन गयी
झूठ बोलना आज धरम है
सबसे सस्ती बिकी शरम है/
लोकतन्त्र का उठा जनाज़ा
हर कुर्सी पर बैठे राजा
राजा बन बैठा हरजाई
चरखा काते यहाँ कसाई
गांधी! तुमको बहुत बधाई...!!'

2/10/2020

मगर आँसू

रोया तो वो मगरमच्छ भी
जिसने अपने सरल मित्र का
चीर कलेजा खा जाने की
दुष्ट योजनाएँ पाली थीं
जिसकी सब सुविधा जाली थी
जिसके मन में लोभ लोभ था
मक्कारी का धृष्ट रोग था
फिर भी सन्त स्वरूप बनाये
क्या मीठी बातें करता था
मरकट के उर को हरता था
आँसू आँसू रो देता था
सन्देहों को धो देता था
लेकिन तब कपि भाँप गया था
भीतर भीतर काँप गया था
आज मित्र का सच पाया
चालाकी से बच कर आया
लेकिन उसके वंशज इस
दुर्दान्त कथा से सीख न पाये
मगरमच्छ की वंश बेल, पर
वही ढोंग रह रह दुहराये
आँसू आँसू भर कर करे बहाना
जब भी सच उनका खुल जाये...।।

31/01/2025

(महाकुम्भ से कुपित हो कर लिख रहा हूँ)

मर्लिन

मर्लिन 'आफ्टर क्राइस्ट' पैदा हुई,
वो ईसा के युग
और ईसा के समाज में पैदा हुई
यह दु:खद था!
क्योंकि ईसा उसे बचाने तो आये लेकिन पाप और
पश्चात्ताप के विष के साथ...!
मर्लिन 'आम्रपाली' नहीं बन सकी
क्योंकि उसे बुद्ध नहीं मिला
बल्कि जीसस मिला/
क्योंकि उसे–
'स्वभाव की समझ' के स्थान पर
'पाप का पछतावा' मिला...!
दु:ख है कि वो 'ईसा-मसीह' से मिली
श्रेष्ठ होता वो 'तथागत-बुद्ध' से मिलती
परन्तु उसके लिये श्रेष्ठतम यह होता
कि वो 'कृष्ण' के युग में आती
जहाँ न पश्चात्ताप करना था उसे
न शील निर्माण
बस प्रेम ही बहुत था
काश!
अभागी-मर्लिन मुनरो
यदि मनमोहन-कृष्ण तक पहुँच पाती
तो नि:सन्देह मीरा होती...!!'

1/6/2021

पिता

'आकाश दिखता नहीं है/
पर हर जगह होता है–
हमें घेरे हुए/
हमें थामे हुए/
पर बिना यह एहसास दिलाये/
कि हम जितना भी बढ़ रहे हैं–
सब उसकी बख़्शीश है/
सब उसकी दी हुई जगह है/
वो तो बस चुपचाप
हमें सँभाले रहता है/
हम अपनी धुन में
दुनिया देखते रहते हैं/
नहीं देखते हैं–
तो बस उस आकाश को
जो हमारी पनाहगाह है/
सच!
हमारा पिता ही
वास्तव में
होता है हमारा आकाश...!!'

13/3/2020

(मेरे पिता के जन्मदिन पर)

स्त्रियों से...

स्त्रियों देखो!
तुम्हारा कोई इतिहास नहीं है
भूगोल में केवल सीमा रेखाएँ
खगोल में कुछ टूटते हुए तारे भर
और गणित में केवल
घटाना ही तुम्हारे हिस्से आता है
साहित्य में
तुम्हारी देह के टुकड़े रखे जाते हैं
कहीं नितम्ब
कहीं वक्ष
कहीं कटि
कहीं जंघा
कहीं जननांग
कहीं गर्भाशय
कहीं नेत्र
कहीं हाथ
कहीं नासिका
कहीं अधर
कहीं जिह्वा
कहीं केश
सती के जल कर
टपकते हुए अंगों की भाँति
किन्तु इसमें कहीं नहीं मिलता

तुम्हारा हृदय
तुम्हारी दृष्टि
तुम्हारे प्राण..!

स्त्रियों जागो!
तोड़ कर कारागार
उन मीठे सपनों के
जिन्हें 'सिंड्रेला' के पैरों में
जूती पहनाते राजकुमारों ने दिया है
क्योंकि उस कहानी के
अगले हिस्से में
हर सिंड्रेला एक जूती भर रह जाती है!

बाहर आओ
उन मीठे सपनों से
जिनमें कोई सीता
मर्यादा पुरुषोत्तम के पदचिह्नों पर
वन वन चलती है
जबकि अन्त में निष्पाप वनवास काटना होता है!

जला दो उन बन्धनों को
जिनकी पवित्रताओं का
निरर्थक गुणगान
आदिकाल से
विश्व भर के शास्त्र करते आये हैं!

मत बैठो किसी बुद्ध के पास
कि उसके धर्म में नहीं मिलता था
तुम्हें ससम्मान प्रवेश!
मत सुनो किसी कबीर को

कि उसकी वाणी में
तुम्हारे लिए था केवल ज़हर भरा तिरस्कार!

मत झुको उस ख़ुदा के सामने
जो तुम्हें पूरा बना कर भी
एक मर्द के आधे बराबर तौलता है!
मत जाओ उस मसीहा के पास
जिसके चुने हुए शिष्यों में
एक भी स्त्री नहीं समा सकी!

स्त्रियों सावधान!
बचो हर उस विधान से
जिसमें तुम्हें एक पुरुष की आवश्यकता पड़ती हो
क्योंकि तुमने अबतक
आवश्यकताओं के नाम पर
केवल समझौते किये हैं
जबकि मैं तुमसे कहता हूँ—
"जीवन में समझौते अवश्य होते हैं...किन्तु समझौतों पे जीवन जीना
जीवन का घोर अपमान है...!'

8/3/2025

(महिला दिवस के निरर्थक अवसर पर)

कोरोना...

'शुक्रिया ...ऐ! हमारे नये दुश्मन!
तुम्हारे आने के बाद
जब से सब थम गया
हर तनाव जम गया
दूर गली से
बन्द पड़े मन्दिर में
धीमे-धीमे बजने वाली
भोर की घण्टी
मेरी रूह में
आज़ाद हो रही है...!

शुक्रिया...ऐ! हमारे नये दुश्मन!
तुम्हारे आने से
ज़मानों बाद
जोहर की अज़ान
दूर मस्जिद से उठ कर
मेरे इतने क़रीब आ गयी
कि लगता है
मस्जिद मेरे ही घर के
किसी कोने में
आबाद हो रही है...!
शुक्रिया ऐ...! हमारे नये दुश्मन!
तुम आये

तो सूनी सड़कें
किसी पहाड़ी नदी सी
चमक उठी हैं
और उनमें चलती
इक्का-दुक्का गाड़ियाँ
लहरों पर ख़ूबसूरत
कश्तियों-सी
लहरा रही हैं...!

शुक्रिया...ऐ! हमारे नये दुश्मन!
तुमने आते ही
गाड़ियों-मिलों
के मटमैले धुएँ में
डूबी फ़ज़ा को
ऐसे 'सेनेटाइज' कर दिया है
कि आसमान की सतह
'वेनिस' में बने
किसी 'नाइन-स्टार'
होटल को शरमा रही है..!

शुक्रिया ...ऐ! हमारे नये दुश्मन!
तुम्हारी वजह से
हमारे घरों की
डिश-एन्टिना लगी
मनहूस-सी छतों पे
उछलते-कूदते
हमारे पूर्वज
बन्दरों के समूह
'इवनिंग वॉक' करते
नज़र आ रहे हैं...!

शुक्रिया...ऐ! हमारे नये दुश्मन!
तुम्हारी वजह से
ज़मानों बाद
शहर छोड़
किन्हीं वीरानों में
बसने को मजबूर
रंग-बिरंगे पंछी
मेरे आँगन-मुँडेरों पर
फुदक-फुदक कर
चहचहा रहे हैं...!

शुक्रिया...ऐ! हमारे नये दुश्मन!
यक़ीनन तुम
इन्सानियत के दुश्मन
नज़र आ रहे हो
लेकिन...फिर भी
मुझे यूँ लग रहा है
कि तुम दोबारा से
इन्सान को
इन्सान बना रहे हो...!!'

28/3/2020

(कोरोना संकट से जूझते घरों में बन्द मानव समाज के नाम)

क़ब्ज़ा

मैं कैमरे में उतारता हूँ ये बनारसी रंग
ये टेढ़े-मेढ़े समीकरण सी सुलझती गलियाँ
यहाँ से चलती हैं, बस वहीं पलट कर आती हैं।
ये घाट की सीढ़ियाँ/जो मन्दिर घरों से दौड़ें
दो हाथ खोलें/छपाक गंगा में कूद जातीं ये
खँडहर से महल जो दरिया के आईने में,
समय गुज़रते-उतरते रंगत निहारते हैं।
ये सूने-सूने पड़े पुराने घर की उदास छत पे,
कबूतरों के समूह किसको पुकारते हैं?
ये मन्दिर में सजी हुई देवता की झाँकी
बदलती है पैरहन/
कि दुनिया बदल रही है
ये बुढ़िया, बुढ़िया नहीं पकड़ कर शहर के बाजू
अकेलापन काटने को दिन-शब टहल रही है,
ये बूढ़ा-बूढ़ा शहर
बदल कर लिबास
बालों में डाल मेहँदी, जवान दिखने की चाह में है
मगर सफ़ेदी झलक ही जाती है दाढ़ी-मूछों से
उम्र इसकी कराह में है!
भरी हुई चौक पर लगाकर अड़ी/
ठहाके ये मारता है
मगर ये अक्सर/नदी पे चलकर उधर की रेती पे बैठ/
उसको पुकारता है

कि जिसने इसको/तमाम धरती से थोड़ा ऊपर/
उठाके ऐसा जमा दिया है
कि ये बेचारा!
ना तो ज़माने की रौ में बहता
ना ही ज़माने की गर्दिशों से ही जुदा है
ये बनके 'क़ब्ज़ा'
फ़लक ज़मीं को है जोड़े रखता
क़सम ख़ुदा की
अगर ये/क़ब्ज़ा/उखड़ गया तो ज़मीं की तक़दीर
से फिसल जायेगा
हमेशा-हमेशा को
ये फ़लक मेहरबां।।

5/11/2013

क्रूर-कुटुम्ब

'काले पंखों वाली
सफ़ेद चिड़िया
सरयू के किनारे से
चुगती है धान-लावे
जो फेंके गये थे
उस अर्थी पर
जो अन्तिम यात्रा पर आयी थी
चिड़िया धान-लावे चुन रही
अपने नवजात चूजे के लिए/
बन्दरिया दौड़ा रही
अपने नटखट बच्चे को
पकड़ कर बार-बार
सीने में चिपकाती
और छीनने की
कोशिश करती
किसी बालक से
उसके हाथ का 'पैकेट'
शायद कुछ मिल जाये
बच्चे का पेट भरने को/
गाय का बछड़ा
दौड़ रहा है छुट्टा
भागता आता है
गाय के थन से

मुँह लगाता है/
गाय बँधी है
गोदान के लिए
दिन में कई-कई बार
होती है दान
उसी पण्डित को
जो उसे ख़रीद कर लाया था/
पण्डित बार-बार
उसे अपने पास ही
दान करवाता है
और बदले में मिले पैसे
अपने बेटे को पकड़ाता है/
रेतीले घाट पर
भटकती हैं भिखारनें
जवान, सुडौल, भिखारनें
गोद में नन्हा-खुरदुरा बच्चा थामे
माथे की शुरुआत में
लाल-सिन्दूर लगाये
(जो उसके बच्चे के
जायज़ होने की निशानी है)
बार-बार दौड़ाती है
यात्रियों को
चबाती है गुटका
माँगती है रोटी
गिनती है पैसे
पालती है ऐसे
अपने नये-भिखारी-बच्चे को/
यात्रियों की भीड़ में
आयी है कोई महानगरीय माँ
अपने गोरे-मुलायम बच्चे को

'सॉफ्ट टॉवल' से लपेट कर
पानी सुखाती हुई
पुचकारती है
दुलारती है
बार-बार पूछती है
'ठंड तो नहीं लगी?'
बच्चा दूर खड़े
नाविक के साँवले बालक को
टकटकी लगाये निहार रहा
हम-उम्र है,
दोस्ती करना चाहता है
माँ बार-बार उसका सर
अपनी ओर घुमा रही है
उसे उसकी हैसियत बता रही है/
सब माँएँ मधुर लग रहीं
सब माँएँ क्रूर लग रहीं
सब माँएँ लालची लग रहीं
सब माँएँ मजबूर लग रहीं
और सरयू-माँ है
जो बस बहे जा रही है
उदासीन
निस्पृह...!!'

3/2/2021

(अयोध्या में आकर कुटुम्ब की क्रूरता देखते हुए)

भालू और स्त्री

'उस रात
जब कार
टिहरी और चम्बा के
घुमावदार पहाड़ी रास्तों से
नीचे उतर रही थी/
उस रात
जब कार में
हम सब लड़के ही थे/
उस रात
जब कार के
ड्राइवर ने सुनाई
एक गाथा पहाड़ी
कि यहाँ पर होते हैं जो भालू
वो नहीं करते हत्या
स्त्रियों की
बस उठा कर अपने कन्धे पर
उन्हें ले जाते हैं,
अपनी दमघोंटू-गुफा में
और रख देते हैं
उन स्त्रियों को
किसी अनाज की
बोरी की तरह
कोने में/
उन भालुओं की जीभ

दुधारी-ब्लेड सरीखी
होती है ख़तरनाक
जिस जीभ से भालू
चाटता है स्त्री के पाँव
जिससे लहूलुहान हो जाते हैं
उनके कोमल तलवे
और ख़त्म हो जाती है
खड़े होने की ताक़त/
फिर वो भालू
अपनी गुफा को
भारी-भरकम पत्थर से
ढक देते हैं
(ताकि कोई अन्य भालू न आये)
और निकल जाते हैं
खेतों की ओर
नोच कर लाने
नेनुए, लौकी, बैगन, कुष्मांड
ताकि खिला सकें
उस अपाहिज पड़ी स्त्री को
जिससे उन्हें करना है सहवास
कहते हैं भालुओं के यौनांग पर
होते हैं नुकीले काँटे
जिनसे हर सहवास
करता है क्षत-विक्षत
स्त्री के मर्म को
चीरते हुए चर्म को/
और चलता रहता है ये क्रम
तब तक
जब तक
स्त्री का सारा लहू रिस-रिस के
मिट्टी में न मिल जाये/

उस रात
पता नहीं क्यों
मुझे वो कार
भालुओं की गुफाओं सी
लग रही थी..!!'

31/1/2021

(उत्तराखण्ड में सुनी एक गाथा पर...स्त्रियों के लिए)

तिब्बत

धरती की उस छत पर
थोड़े लामा-भिक्खू
बैठे-बैठे
सोचा करते,
इस नीरव आकाश के नीचे
इतना कोलाहल क्यों मचता
इतनी खींचा-तानी क्यों कर?

धरती की उस छत पर
हर जननी की कोख से साधू जनते
बैरागी-नारंगी साधू,
अपनी धुन में खोये साधू,
जागे साधू
सोये साधू
धरती के इस टुकड़े पर,
माँएँ सेनानी-पूत नहीं,
बस शान्तिदूत पैदा करती थीं/

धरती की उस छत पर
सारे लोग जो रहते थे
कहते थे,
जग में केवल तृष्णा भर है
तृष्णा का कुछ अर्थ नहीं है

जग में 'होने' से 'ना-होना' ही अच्छा है!
कुछ न होना व्यर्थ नहीं है!
धरती की उस सुन्दर छत पर
उड़ते हुए गिद्ध ने डाली एक कुदृष्टि,
और गिद्धों की फ़ौज उठा कर
छत की बोटी-बोटी नोची
खण्ड-खण्ड कर डाले सारे
शान्ति-क्रान्ति के उन्नत मन्दिर
शुद्ध-बुद्ध का सुरभित-उपवन
सुन्दर वृद्ध
मनोहर यौवन
सबको लहूलुहान बना कर,
पर्वत को श्मशान बना कर,
स्वर्गलोक वीरान बना कर,
दिया धकेल
क्रूर-गह्वर में,
कहते हुए दम्भ के स्वर में
'तुम जैसों का
जग में 'होने' से 'ना-होना' ही अच्छा है!'

धरती की उस छत पर सम्प्रति
रक्तपिपासु टहल रहे हैं,
लोभी सत्ता का ध्वज थामे
मूर्ख-सैनिकों का इक जत्था,
राष्ट्रवाद के विष से मरता
अपने कल की हत्या करता
बड़े गर्व से झूल रहा है
और सभ्यता पर इतराता
विश्व-न्याय सब भूल रहा है...!!'

20/2/2022

अकेला कवि

कवि का संघर्ष अकेला था
कवि का संघर्ष अकेला है।।

कवि के उर में सम्बन्ध नहीं
कवि का कोई अनुबन्ध नहीं
कवि सारे जग से सम्बन्धित
कवि चलता-फिरता मेला है
कवि का संघर्ष अकेला था
कवि का संघर्ष अकेला है।।

कवि प्रश्न पूछता सत्ता से
कवि प्रश्न पूछता जनता से
कवि प्रश्न पूछता कवियों से
कवि प्रश्नों का इक रेला है
कवि का संघर्ष अकेला था
कवि का संघर्ष अकेला है।।

कवि रोता है निर्धन के संग
कवि रोता है निर्बल के संग
कवि रोता है हर हत्या पर
कवि ने सब हिय पर झेला है
कवि का संघर्ष अकेला था
कवि का संघर्ष अकेला है।।

कवि सच कहने को जन्मा था
कवि सच ही कहते फिरता है
कवि सच में जीने लगता है
सच जीना बड़ा झमेला है
कवि का संघर्ष अकेला था
कवि का संघर्ष अकेला है।।

12/12/2021

सरयू सतर्क

सरयू सतर्क!
सभ्यता अयोध्या में
प्रवेश कर चुकी है!

सरयू सतर्क!
तेरे तट पर
बन्दरों के स्थान पर
बन्दरगाह आ रहा है!

सरयू सतर्क!
तेरी सुरीली गलियों में
बेसुरे नारे घुस रहे हैं!

सरयू सतर्क!
तेरे अमृत-जल में
घुल रहा है
बनियों का मल!

सरयू सतर्क!
तुझे ज़हरीला करने
अयोध्या में आ गयी है
धनिकों की रखैल राजनीति!!

28/11/2021

संस्कृति और इतिहास
ढहे ढुहे खँडहर पर
जैसे उग आती है घास
ठीक वैसे ही
उग आती हैं संस्कृतियाँ
अपने ही भग्न-इतिहास के
साँस लेते अवशेषों पर
लौट-लौट कर/
जड़ इतिहास की
चेतन अभिव्यक्ति ही
संस्कृति है!
संस्कृति–
जो कभी नहीं ढही
ढहते हैं
तो केवल इतिहास...!!

26/11/2021

श्रावणी मेघ...

दग्ध उर के लिए
तुम श्रावणी
मेघ बन बरसो।।

व्यथा मेरी
कथा तेरे लिए है
किन्तु हे निष्ठुर!
किसी क्षण अश्रुपूरित
दृग युगल
तुम देख कर हरषो।।

प्रतीक्षा में तुम्हारे
पीतवर्णी
हो चुके तन-मन/
किसी क्षण पर्श कर के
लहलहा दो
फागुनी सरसों।।

विधाता !
मेरे करतल पर
यही इक वाक्य लिख बैठा/
किसी क्षण के मिलन को
ओ अभागे!
आयु भर तरसो।।

दग्ध उर के लिए
तुम श्रावणी
मेघ बन बरसो।।

13/7/2020

भगवान् उवाचः

हिजड़ा मत बन
धनुष उठा ले
रच प्रपंच मत
नैतिकता का
नैतिकता जब
भावुकता से मिले
तो सबसे अधिक
अनैतिक हो जाती है/

हिजड़ा मत बन
धनुष उठा ले
बहुत सह लिए
बाण दम्भ और
सत्तामद के
मिथ्यावादी
पदच्युत लोगों के
पद-मद के/

हिजड़ा मत बन
धनुष उठा ले
रण में सोच
मोच बनती है
सम्प्रति मात्र

विकल्प समर है
जो योद्धा हो
वही अमर है...!!'

5/10/2021

विशालता का शोषण

अरे ओ वटवृक्ष!
माना कि तू बहुत बड़ा है
किसी भूखण्ड पर वर्षों से खड़ा है
दूर से दूर अपनी 'शाखाएँ' फैलाने पर अड़ा है
परन्तु इतना भी नहीं बड़ा है
कि तेरी काली-छाया के नीचे
जीवित रहने को विवश
हम दूर्वा-तृण
तुझे 'आकाश' की संज्ञा दे दें!

अरे धूप-पानी के
विशाल शोषक!
तुझमें और मुझमें
कोई तुलना नहीं हो सकेगी
यह तर्क भी मानता हूँ
परन्तु दोनों की जड़ें
इसी भूखण्ड में जमी हैं
दोनों की हरियाली में
इसी भूरी मिट्टी की नमी है
यह तथ्य भी स्पष्ट जानता हूँ!

8/4/2020

स्पर्श

स्पर्श मनुष्यता की सर्वाधिक मूल्यवान घटना है...

स्पर्श मनुष्य की सबसे प्रबल लालसा है
और उतना ही प्रबल है उसका भय!

वास्तव में कोई भी मनुष्य
किसी दूसरे मनुष्य का स्पर्श करने से बचता है
और वह भी इतना अधिक
जितना वह 'एड्स' से नहीं बचना चाहता..!

मैंने सदा यही देखा है
जब हम एक-दूसरे से मिलते हैं
तो पूरे अस्तित्व पर
एक 'कॉन्डोम' सा चढ़ा लेते हैं
कि दूसरे को मिलन के सुख का भ्रम तो हो
पर कहीं हमारा कोई हिस्सा उस तक न पहुँच जाये
अथवा उसका कोई अंग सच में हमसे न छू जाये
पर इस तरह हम यह भी विस्मृत कर देते हैं
कि हम भी केवल मिलन की कल्पना में व्यायाम कर रहे हैं
मिल नहीं रहे...
अन्ततः थक कर विलग हो जायेंगे...!
क्या ही विडम्बना देखिये!
सम्पूर्ण प्रकृति मिलन रस में सराबोर है

और यही इसका विस्तार है
अणुओं का स्वाभाविक मिलन ही ब्रह्माण्ड बनता है।
रजकण मिलन करते हुए पृथ्वी निर्मित कर गये,
जलकणों ने मिलन किया तो महासिन्धु बने,
स्फुलिंग मिल कर सूर्य-नक्षत्र और यज्ञाग्नि हुए,
वायु तो मिलन की निरन्तरता का ही पर्यायवाची है।
अक्षरों ने मिल कर शब्दाकाश रच दिया/
तृण-वनस्पति व वृक्ष मिलन करते हैं
घनघोर वन में परिवर्तित हो जाते हैं
जीवाणु, कीटाणु, रोगाणु सब मिलने का बल जानते हैं
केवल मनुष्य है जो मिलन को स्वप्नदोष की भाँति ही पाता है!

वास्तव में मिलन है भी भयावह
यह तुमसे तुम्हारा 'तुम' चुरा लेता है
और कर देता है 'हम'
फिर वह भी निगल जाता है
और कर देता है 'वो'
फिर एक दिन
'वो' भी जाता है 'खो'
अब 'तुम' कहाँ हो?
हाय!
यही तो वह भय है
जो रोके रखता है हमारे चित्त को
स्पर्श से
पर बाँधे रखता है इसकी अदम्य लालसा में!

ऐ! अभागी मानवता!
तेरे लिए सर्वाधिक अस्पृश्य यदि कुछ है
तो वह है 'स्पर्श'...!!

22/10/2018

कैसा मधुमास?

तू कैसा मधुमास
बोल रे तू कैसा मधुमास?
तड़ तड़ गिरते पात वात से
चरर मरर उच्छ्वास
तू कैसा मधुमास
बोल रे तू कैसा मधुमास?

कुसुम कुसुम कुसमित कुंजों में
कालकूट का वास
तू कैसा मधुमास
बोल रे तू कैसा मधुमास?

मधुर मधुर मुखरित मैनाएँ
कीट बन रहे ग्रास
तू कैसा मधुमास
बोल रे तू कैसा मधुमास?

24/02/2025

नदी का बहाव

'नदी में कितना ही पानी बह जाये
पर नदी कभी नहीं बहती
और अगर कभी कोई नदी बह जाये
तो साथ-साथ बह जाती हैं
लाखों कहानियाँ
सैकड़ों शास्त्र
दसियों सभ्यताएँ
कोई अद्भुत संस्कृति
कोई महान राष्ट्र...!!'

24/5/2020

(ऋषिकेश में सुन्दर गंगा को देख देश से विलुप्त होती गंगा के नाम)

नदी-3

'नदी देख रही है
असभ्यता का विस्तार
सभ्यता के आवरण में!
कुसंस्कृति का प्रवाह
संस्कृति का ध्वज उठाये!
धूर्तता की बाढ़
सूचना का कोलाहल करते!

किन्तु नदी फिर भी
चुपचाप बह रही है
क्योंकि सब बह जो जायेगा
कभी न कभी...!!'

26/3/2020

तीसरी स्त्री

‘अस्तित्व से जन्मा ब्रह्मा
ब्रह्मा से जन्मी सरस्वती
सरस्वती ‘पहली स्त्री’ है
पहली स्त्री–
जो जला देती है
स्वयं ही
अपने रचनाकार को
और रचती है उसे
दोबारा...अपनी कृपा से!

अस्तित्व ने खींची
आदम की पसली
पसली से बनी हौव्वा!
‘दूसरी स्त्री’–
दूसरी स्त्री जिसने
स्वीकार कर लिया
अपना ‘दूसरापन’
पुरुष को ‘पहला’ कर के!

समाज ने घोंटा
अस्तित्व का गला
तो पैदा हुई मर्लिन मुनरो
‘तीसरी स्त्री’–

तीसरी स्त्री
जिसे न सहधर्मिणी बनना था
न किसी की रचना
उसे लड़खड़ाना था
गिरना था
बिखरना था
लेकिन काँच की तरह नहीं
सुगन्ध की तरह
सुगन्ध जो स्वतन्त्रता के लिए
हर उस सीने से हो कर
गुज़र जाती है
जो उसे क़ैद करना चाहता है!

वास्तव में
पुरुष 'है'!
स्त्री 'होगी'...!!'

1/6/2020

(मर्लिन मुनरो के 96वें जन्मदिन पर)

प्रेमचन्द!
अच्छा हुआ तुम मर गये...!

प्रेमचन्द! अच्छा हुआ तुम मर गये...!
तुमने बस डॉ. चड्ढा की अंग्रेजियत देखी थी
आज के 'ब्रांडेड-हस्पताल' नहीं देख सके/
तुम बस निर्मला पर हुए अत्याचार देख कर मर गये
'उन्नाव' और 'कठुआ' नहीं देख सके/
तुम 'ग़बन' के मजबूर नायक को समझ सके
नये भगोड़े-रईसों को नहीं/
तुम दो–बैलों की दुर्दशा के गवाह बन सके
सरकारी उपेक्षा से क़त्ल हुए किसानों की नहीं/
तुम पोंगा-पण्डित की धूर्तता बता गये,
समाज-सुधारकों की धूर्तता देख न सके/
तुम 'नमक के दरोगा' से उम्मीद लगाये थे
और बूढ़े भगत के जीने की दुआ माँग रहे थे/
मगर वो बूढ़ा भगत तो तुम्हारे जाने के कुछ
दशकों के भीतर ही मर गया,
और छोड़ गया उन ज़हरीले साँपों को,
जिनको कभी पकड़ कर वो गाँव ले जाता था
ताकि शहर जी सके/

अब सब तरफ़ ज़हर ही ज़हर है

अच्छा हुआ तुम मर गये!
देख लो, आज वो लोग
तुम्हें क़लम का सिपाही कह कर श्रद्धांजलि दे रहे हैं
जो लोग आज हर चलती क़लम तोड़ देना चाहते हैं...

ऐ शब्दों के जादूगर!
तुम जो लिख रहे थे
उसको जी रहे थे
हम जो जी रहे हैं
उसे लिख भी नहीं सकते...!!

31/7/2019

(क़लम के सिपाही की याद में)

मेमोरी ऑफ़ वाटर

नदी को याद रह जाते हैं रस्ते!
नदी कुछ भी नहीं है भूलती
सब याद रखती है
वो सारे लोग
जो उसमें नहाये थे
जो अपने संस्कारों का 'डी.एन.ए.'
बहते पानी की तहों में छोड़ आये थे
नदी बहते समय की थाप से
उनको बचाये
अपनी तह में है छुपाये/
'प्रिज़र्वेटिव' कोई ऐसा नहीं
जो वक़्त से सदियों बचा ले
हू-ब-हू एहसास
नदियाँ जिस तरह उनको बचाती हैं
तहों में बोती रहती
बूँद में उनको खिलाती हैं
नदी 'एहसास के खिलते हुए क़तरों' का गुलशन है!

नदी कुछ भी नहीं है भूलती
सब याद रहता है उसे
कब कौन किसको लूट कर गुज़रा था
किसने था लुटाया सब
किसी की मुस्कुराहट पे मचल कर

किसी के आँसुओं से व्यथित हो कर
किसी को क़ैद से आज़ाद करने
जो मिटा था
अक्स उसके हैं छपे
लहरों तले
ज्यूँ 'रे' की फ़िल्मों के 'निगेटिव'
'पॉजिटिव' होते ही
सादे-सादे पर्दे पर
बिछा देते हैं जीवन
ये नामुमकिन है
उस तस्वीर को
'बीता' बता कर कोई बच ले
नदी सदियों में बहती
'रे की कोई फिल्म जैसी पुरकशिश है!'

नदी कुछ भी नहीं है भूलती
सब याद रखती है
नगर और संस्कृतियाँ
सभ्यताएँ
और उनमें घूमते
विद्रूप-असभ्यों की
महागाथा
जो उनके चारणों ने है सुनाई
जो दोहराते हैं
उनके मूर्ख-वंशज
नदी से कुछ नहीं है राज़दारी
सब पता है
कौन कितने नीर में उतरा था
किसने तीर से ही व्याख्या की थी नदी की
नदी इतिहास को पढ़ते नहीं बढ़ते हुए ही जानती है!

नदी कुछ भी नहीं है भूलती
चाहे उसे कितना भी दोहो
और उसको दाब दो
मिट्टी तले
फिर रेत की छत पाट दो
और बाँट दो
इतिहास की
सब रेवड़ी
अनजान लोगों में समय से
और सोचो खो गयी सारी शहादत
अब गवाही कौन देगा?
कौन श्रुतियों को
हृदय में गाँठ देगा?
नवनिहालों के
जो कर के क्रान्ति
इतिहास के पन्ने जला देंगे
बुझा देंगे
असभ्यों की भुजाओं पर तनी
संस्कृत-मशालें
ढूँढ़ लाएँगे पुराणों के वो नायक
जो कि केवल तीन पग से
दम्भ का संसार पूरा नाप कर के दाब देंगे मृत्तिका में!

नदी कुछ भी नहीं है भूलती
सब याद है उसको
कि किन रास्तों से हो कर वो गयी थी
ज़रा सा ताप बढ़ जाये गगन का
दिव्य सूरज पूर्ण-आभा में उठे
और तोड़ दे हिमनग पे ठिठुरे जल कणों को

फूँक कर के प्राण उनमें छोड़ दे
निर्झर पहाड़ों के बदन पर
झरझरा कर गूँजते
गिरते-गरजते
शुद्ध झरने
थाम लेते उस कुपोषित नदी की बाँहें
व लेकर जंगलों से दौड़ते
आते नगर की ओर
करते ध्वंस
सारी संस्कृतियों की नुमाइश
सभ्यताओं का तमाशा
और लिखते
धर्म की
आनन्द की
और प्रेम की कविता अराजक!
जिसके सिंचन से
मरे बीजों को मिलते प्राण
और जंगल में जीवन लौट आता मुस्कुराते!
नदी को याद रह जाते हैं रास्ते...!!'

5/9/2018

संशय

'हे सनातन-धर्म!
तुमसे प्रश्न करता हूँ
यही!
तेरे अनुयायी को
धरती पर मिला क्या?
कुछ नहीं!

तुमने दी यह सीख
ले कर भीख
वर-आशीष बाँटों!
धूर्त-कपटी राज भोगें
और तुम
वनवास काटो!

तुम सिखाते हो
विरक्ति
प्रेम-करुणा व समर्पण!
यद्यपि संसार में
प्रति पल
सजा रहता समर-रण!

देखता हूँ सकल जग में
लक्ष्मी मुस्का रही है!

किन्तु भारत की
सनातन भूमि
लूटी जा रही है!

कौन थे वे लोग?
हम थे!
जो 'दधीचि' बन कर
जले थे!
भोग-लोलुप
देवताओं की
हवन-समिधा बने थे!

कौन थे वे लोग?
हम थे!
जो बिके
चाण्डाल के घर!
बिक गया
परिवार-वैभव
धर्म-धन बेचा नहीं पर!

कौन थे वे लोग?
हम थे!
जो अतिथि का मान करते!
एक भूखे बाघ
की तृप्ति पे
सुत बलिदान करते!

कौन थे वे लोग?
हम थे!
जो अमृत

बरसा रहे थे!
घोर-तप-संकल्प से
गंगा धरा पर ला रहे थे!

कौन थे वे लोग?
हम थे!
जो तेरी धूनी रमाते
विश्व हमको
विष पिलाता
हम तेरे कीर्तन जगाते!

कौन थे वे लोग?
हम थे!
ध्वज तेरे
नग पर लगाते!
और पातालों के तम में
धर्म के
दीपक जलाते!

हम नहीं इतिहास लिखते
हम पुराणों के रचयिता
हम नहीं
साम्राज्य-लोलुप!
हम सुनाते
सत्य-गीता!

कौन होगा और जग में
जिसने इतना
तप किया हो?
मार ठोकर वैभवों को

'हर-हरि' का
जप किया हो?

कौन होगा जिसके
भोजन-शयन-धन-नगदी में
तुम हो!
कौन होगा जिसके
जीवन-केंद्र तुम
परिधि में तुम हो!

है कोई इतिहास में
जो इस तरह
युग-युग मिटा हो
धर्म के रक्षार्थ
इतनी पीढ़ियों में
जो लुटा हो!

है कोई इतिहास में
जो इस तरह होगा
समर्पित?
स्वयम् हो चैतन्य
जड़-पाषाण पर
हो जाये अर्पित!

जो भी वैभव है
विधर्मी जगत में
तुमने उतारा!
और हम
द्विज-बन्धुओं को
नाम भर का है सहारा!

क्या मिला
सद्भावना में धूर्त को
उर से लगाया?
क्या मिला
धर कर अहिंसा
राष्ट्र का गौरव गँवाया?

जो तेरे मन्दिर गिराते
वो बने
सम्राट-शासक!
और हम तेरे पुजारी
रह गये
बन मात्र याचक!

क्या करें
पुण्यात्मा बन
पा रहे वरदान पापी?
क्या करें
दिव्यात्मा बन
लूट गयी जब ज्ञानवापी?

छुप गये क्यों देवता सब
विज्ञ-युग के
इस वलय में?
क्या हुआ अवतार
जो तुम भेजते थे
हर समय में?

किस लिए
अब भी तुम्हारी

सीख वैरागी सम्भालें!
किस लिए
अब भी हृदय में
प्रेम की यह व्याधि पालें!

किस लिए
हम हो मुमुक्षु
मुख्यधारा जग की छोड़ें!
क्या नहीं यह श्रेष्ठ है
अब तुमसे ही
सम्बन्ध तोड़ें!

आज है युग
संगठन का
और तुम एकान्तवासी!
जग को सत्ता की अभीप्सा
सत् को
किसकी बुद्धि प्यासी!

आज बढ़ना है तो
चढ़ना
और कुचलना भी पड़ेगा!
बाँध कण्ठी करुण-रस मय
क्या कोई
रण में लड़ेगा!

आज तो संहार ही
विस्तार का है
मन्त्र एकल!

अब नहीं चित-चरित का
है एक केवल
संघ का बल!

क्यों न शामिल संघ में हो
संग सत्ता का
करूँ मैं?
क्यों तेरी करुणा सम्भाले
समय से पहले
मरूँ मैं?

पूछता है जगत
कर उपहास मुझसे
'कौन है तू?'
मैं कहूँ क्या
जब रहस्यों में
'अ-बोला मौन है तू!'

3/12/2017

समाधान

‘सब रहस्यों में निहित
वह मौन
जब-जब बोलता है!
बुद्धि को करता अचंभित
चित्त के पट
खोलता है!

बोलता है मौन उससे
मौन हो कर
सुन सका जो!
हँस कहता विश्व उनको
मौन-मुक्ता
चुन सका जो!

यह सनातन-मौन
मुखरित आज
जग में हो रहा है!
जाग धर्मी जाग
है दुर्भाग्य
जो तू सो रहा है!
क्या कहा तुमने
मिला क्या
धर्म के पथ पर भ्रमण कर?

क्या कहा तुमने
कहाँ हो
सत्य-जीवन का वरण कर?

क्या कहा तुमने
मिला क्या माँग भिक्षा
बाँट शिक्षा?
क्या कहा तुमने
हुई शत्रु
यही वैराग्य-दीक्षा?

जिसने दे कर अस्थियाँ
सुरनाथ का
आयुध बनाया!
तुम नहीं थे
एक वैरागी था
जिसने तन जलाया!

जो बिका
चाण्डाल के घर
सत्य-व्रत का धर्म धारे!
एक नृप था वीतरागी
तुम नहीं थे
लोभ मारे!

अतिथि के सत्कार में
बलिदान जो
सन्तान करता!
भक्त-उर राजा
नहीं तुमसा

कुटुम्बिक-स्वार्थ धरता!
वो भगीरथ था
जो ले आया गगन से
जान्ह्वी को!
तुम निरन्तर
करके दोहन
मारते ममतामयी को!

तुम चिलम को फूँकते
व्यसनी हो
मधुपायी बने हो!
कर रहे
विष का वमन
शम्भू के अनुयायी बने हो!

तुम चढ़े
पर्वत शिखर पर
अपने हस्ताक्षर सजाने!
तुम लगे हो
एक युग से
धर्म का दीपक बुझाने!

युग हुए
इतिहास की
सारी लड़ाई लड़ चुके तुम!
दम्भ-मिथ्या है
कि पौराणिक-पढ़ाई
पढ़ चुके तुम!

तुमने गीता बाँच ली

और जाँच ली
उपदेश-उक्ति!
किन्तु तुममें
आ सकी क्या
वीर-भारत जैसी भक्ति?

तुम भरत और राम के
वंशज
जिन्होंने राज्य त्यागे!
तुम तो अपने बान्धवों को
मार कर
बढ़ते हो आगे!

तुम नहीं एकलव्य
जिसने गुरु-चरण में
बल चढ़ाया!
तुम नहीं वह कर्ण
जिसने मित्रता में
यश गँवाया!

तुम नहीं प्रह्लाद
जो हरि-नाम ले
पावक समाया!
तुम नहीं नचिकेत
जो यमद्वार से
ले ज्ञान आया!
तुम बने याचक
कि तुमको धर्म से
सत्ता लुभाती!
तुम बने हो दास

तुमको
क्रान्तियाँ कब हैं सुहाती?
तुम नहीं तो
और किसने हूण-शक को
घर बुलाया?
यवन-कन्या का
वरण कर
वर्ण-संकर युग चलाया?

तुम ही
विपणन में लगे थे
ख्रिस्त के व्यापारियों से!
तुम ही
अगवानी में बैठे
तुर्क और तातारियों के!

कौन थे वे लोग
जो 'बाबर' को
रक्षक कह रहे थे!
दो-मुँहे
अंग्रेज़ सर्पों को
जो 'तक्षक' कह रहे थे!

लोभ में तुम
हर विधर्मी से
कहीं बढ़ कर मिले हो!
घोर-ईर्ष्यालु प्रवृत्ति
पंक में
पंकज खिले हो!

हाँ वही पंकज!
कि जो रवि-रश्मियों में
खिलखिलाता!
किन्तु सूरज से
विमुख होता
तो कीचड़ में समाता!

क्या यवन
मंगोल, तुर्की
मुग़ल, बरतानि-विधर्मी!
कौन होगा
इस धरा पर
तुम नृकिष्टों-सा कुधर्मी!
आत्म-रति में डूब
तुमने
आत्मा का संग त्यागा!
गर्व निज-इतिहास पर
करता है वह
जो हो अभागा!

भाग्यशाली व्यक्ति
सम्प्रति को
दिलाता मान बढ़ कर!
त्याग कर वैभव-महल
बन सूर्य
चढ़ता युग-शिखर पर!

मूर्ख-व्यसनी-धर्म-च्युत
रहते हैं
संघों और दलों में!

स्वयम् के बल पर
विजय पाने का गुण है
निश्छलों में!

संग सत्ता का
पतित करता
बढ़ाता वेदना को!
जो गया
सत्-संग में
उसने जगाया चेतना को!

दृष्टि जिसके पास
वह मुझको
यहीं पर देखता है!
कौन-सा युग है
नहीं जिसमें
जगी मेरी प्रभा है!

किन्तु
उज्वलता उषा की
मात्र उनकी है जो जागे!
अन्यथा तम में मिटेंगे
जो प्रमादी हैं
अभागे!
कर रहे उपहास जो
उन अल्पमतियों
को भुलाओ!
स्वयम् का अन्तस निहारों
धर्म-करुणा को
जगाओ!

सत्य का अनुराग
बनकर आग
बहता है रगों में!
धर्म-पथ के शूल
बनते फूल
आगामी-युगों में!

हो मरण! निज-धर्म में
तो श्रेय
जीवन को मिलेगा!
जो जुड़ा है मूल से
वह फूल
उपवन में खिलेगा!

जिस हृदय में
विश्व के कल्याण की
शिव-भावना है!
उस हृदय में ही
मेरे अवतरण की
सम्भावना है!!'

8/12/2017

दबिस्तां

चमन में क्या दबिस्तां खुल गया है..?

कि हर इक फूल को अब है हिदायत
सभी को एक ही रंग में है खिलना
है 'यूनिफार्म' लागू गुलसिताँ में
सभी को एक ही खुशबू है देना
ज़रा सा फ़र्क़ आया तो तुम्हें
गुलशन से बेदख़ली मिलेगी
तुम्हें 'एपसेन्ट' करके ही
नतीजे हम लिखेंगे...

चमन में क्या दबिस्तां खुल गया है...?

कि अब हर बर्गो-ग़ुंचे को ख़बर है
कि अब बुलबुल नहीं शाहीं उन्हें ता'लीम देंगे
कि गुल्चीं चाहते हैं—'गुल सितारे बनके चमके'
चुनांचे! उनको टहनी छोड़ कर उड़ना पड़ेगा
फ़लक पर, अब्र में खिलना पड़ेगा
कि हमको आसमाँ का रंग भी
यकसाँ है करना...

चमन में क्या दबिस्तां खुल गया है...?

कि हर तितली को सिखलाते हैं गिरगिट
उतारो पैरहन अपने ये नाज़ुक से परों के
ये ओढ़े रंग है, छोडों, कि तुम पर बोझ है सब
ज़रा हमसे 'कलर का यूज' सीखो
हो 'जैसा देश वैसा भेष' रखना
तुम्हें आज़ाद होना है परों से
गुलों की चाहतों से
उल्फ़तों से...

चमन में क्या दबिस्तां खुल गया है...?

ये सब गुल मुँह पे उँगली रख के बैठे
ये बुलबुल सर झुकाए रट रही कुछ
ये तितली अपने रंगों से परीशां
ये शाखें ख़ौफ़ से 'आदाब' करतीं
ये शाहीं बुलबुलों से छेड़ करते
ये गिरगिट तितलियों पर जाल कसते
ये फूलों पर नये रंग की पुताई
ये गुल्चीं की चमन पर तानाशाही
ख़ियाबाँ-दर-ख़ियाबाँ नक़्शे-पा नमरूद के हैं
मगर नमरूद की तारीख़ फूलों को पता है
वो मुँह पे रख के उँगली मौला-मौला कर रहे हैं
चमन में 'क्या' दबिस्तां खुल गया 'क्यूँ' खुल गया है...!

2/4/2017

फागुनी बयार

फागुन फागुन चली बयार...

अमलतास के झुमके पहने
माणिक माणिक सेमल हार
फागुन फागुन चली बयार...

लतर गुलमोहर की साड़ी पर
टंके केतकी, बिल्व, मदार
फागुन फागुन चली बयार...

यत्र तत्र वट पत्र उड़ाती
चलदल में करती शृंगार
फागुन फागुन चली बयार...

कुहुक कुहुक कोयलिया पूछे
काहे बौराई सुकुमार?
फागुन फागुन चली बयार...!!

5 मार्च 2025

गौरैया

'मेरे घर में उड़ने वाली
नन्ही चिड़िया
कहाँ गई तुम...?

भूरे-पीले नर्म-दुशाले
फर-फर फिरती
पर-पर डाले
कभी पुरानी 'धरन' पकड़ती
कभी लटकती थामे जाली/
मेरे घर में उड़ने वाली
नन्ही चिड़िया
कहाँ गई तुम...!

चोंच दबाये कोई तिनका
रुई-रेशा दाना-दुनका
कोई मुक़्खा, कोई कोना
कर-कर के कुछ जादू टोना
जोड़-जोड़ कर जुड़ने वाली/
मेरे घर में उड़ने वाली
नन्ही चिड़िया
कहाँ गई तुम...!

चीं-चीं चहक लगाने वाली

सुबह शाम चिल्लाने वाली
बैठ अकेले गाने वाली
मन को बहुत रिझाने वाली
आते-आते मुड़ने वाली
मेरे घर में उड़ने वाली
नन्ही चिड़िया
कहाँ गई तुम...!

बुरी लगी क्या बात बताओ
रूठी चिड़िया मुँह न फुलाओ
अपनों से क्या रंज-दुश्मनी
बहुत हुआ, अब वापस आओ
कसम तुम्हें ये बात जो टाली/
मेरे घर में उड़ने वाली
नन्ही चिड़िया
कहाँ गई तुम...!'

20/03/2018

(गौरैया दिवस पर कनक सिंह की भेजी तस्वीर देख कर लिखी)

बादशाह और घोड़े

बादशाह आते हैं
और साथ लाते हैं
आँख बन्द किये घोड़े
बस उतना दूर रास्ता देखने की
इजाज़त के साथ
जितना रास्ता दिखाए
चाबुक की 'सटाक'!
बादशाह आते हैं
और साथ लाते हैं घोड़े
जो टप-टप जाते हैं दौड़े
जिधर फिरती है पुतली
लग़ाम थामे राजा की
खट-खट
झट-पट/

घोड़े दौड़ते हुए ये नहीं देखते
उनकी टापों से
कौन-कौन से फूल कुचले
कौन-कौन से ढूहे ढहे
कितने खेत खराब हुए
कितने 'कीड़ों' के ख़ून बहे
क्योंकि ख़ून की
हरारत का एहसास तो

चमड़ी को होता है
जबकि घोड़ों की टाँगों में तो
लोहा ठुँका होता है/

घोड़े सोते हुए भी खड़े रहते हैं
या खड़े रह कर भी सोते हैं
क्योंकि बादशाह को यही पसन्द है
उसके घोड़े सोते हुए भी खड़े रहें
चार टाँगों पर अड़े रहें
उन्हें कतई यह ना भूले
कि बादशाह उन्हें दौड़ने और कुचलने
के बदले में खिलाता है हरी घास
बुझाता है उनकी प्यास/

बादशाह घोड़ों पर चढ़ कर
होता है ऊँचा
और बादशाह से भी ऊँचा होता है
वो डण्डा
जिस पर टँगा रहता है
उसके घमण्ड का झण्डा
बादशाह का इतिहास
अलग-अलग मिलता है
मगर उसके वर्तमान में
वो हमेशा ही रहा है
एक मतिविहीन धूर्त गुण्डा!

सुनो-सुनो-सुनो
नये बादशाह की मुनादी
'मैंने कुछ नहीं किया तबाह
सिर्फ़ घोड़ों ने

अपने पूर्वजों की पथराई टापों पर
रखते अपनी टाप
लाई है ये बर्बादी
दरअसल यह तबाही बहुत खास है
इसमें बादशाहत की कुँजी है
इसमें महानता का इतिहास है..!!'

23/05/2022

धर्म

धर्म किसी भी आकाश से उतरा हो
परन्तु जब भी उतरा
तो निर्धन मनुष्य के कन्धों पर ही उतरा!
मैं देखता हूँ धर्म को
किसी अड़ियल बच्चे की तरह
सवार उस गँवार बुढ़िया की
झुकी हुई पीठ पर
जो उतरती है माघ-कार्तिक नहाने
ठण्डी पड़ी गंगा की मौज में!

मैं देखता हूँ धर्म को
किसी अबोध बच्ची-सा
चढ़े हुए उस निर्धन नौजवान के कन्धे पर
जो सावन के सोमवार में
देवघर को जाता है
काँवड़ में भरे गंगा जल
लम्बी कतार से होकर
छाले पड़े पाँव लिए
चिकने पत्थर के लिंग पर
जलधार गिराने को तत्पर!

मैं देखता हूँ धर्म को
किसी अपाहिज बच्चे-सा

कोहनी में दबाये
बच बचा कर निकलते
एक गरीब जुलाहे को
जो चाँद रात में
लम्बी बेरोज़गारी के बावजूद
मीठी सेंवई और चमकीले कपड़े जुटाने
मस्जिद वाली गली में
धक्के खाता रहता है!

मैं देखता हूँ धर्म को
किसी 'ऑटिज़्म' के शिकार बच्चे-सा
जो एक पार्लर में आईब्रो बनाने वाली
'रोजी' की गोद में बैठा
क्रिसमस पर परमेश्वर के
मसीहा पुत्र के जन्म का
उत्सव टुकुर-टुकुर देखता रहता है!

मैं देखता हूँ धर्म को
किसी जिद्दी बच्चे सा
ज़मीन पर पाँव पटकते
ताकि उसकी यहूदी माँ
उसे गोद में उठा कर
उसे यरुशेलम के मन्दिर की
ढही हुई दीवार दिखा सके!

मैं देखता हूँ धर्म को
किसी अनाथ बच्चे-सा
जिसे पीठ से बाँधे एक लामा-स्त्री
चुपचाप पहाड़ी भेड़ की ऊन से
जल्दी-जल्दी गर्म स्वेटर बुनती रहती है

कि उसे किसी शहर को बेच कर
वो धर्मशाले में
एक बड़ी मोमबत्ती जला सके!

मैं देखता हूँ धर्म को
किसी भूखे बच्चे-सा
सैकड़ों तन-मन के बीमारों के
घुटनों पर सवार
किसी चमकते-दमकते
गुरु या उस्ताद के आस-पास
ज़रा सा सन्तोष पाने की आशा लिए
बरसों-बरस भटकते हुए!

मैं देखता हूँ धर्म को
एक भिखारी बच्चे की तरह
चमचमाती लम्बी कारों
और ऊँची-ऊँची कोठियों के सामने
धूप बरसात में गुहार लगाते हुए
कि उनकी खिड़कियाँ खुलें
और चन्द चिल्लर
धर्म की दरिद्र हथेली पर आ गिरें!!'

10/05/2021

गंगा की शर्म

मैंने कल रात टहलते हुए गंगा से कहा
अपनी ही काशी में तू इतनी परेशाँ क्यों है?
तू तो मदमस्त सी बहती थी अना में अपनी
क्या हुआ आज तू इस दर्ज़ा पशेमाँ क्यों है?

मेरी उँगली को पकड़ हौले से गंगा ने कहा
पूछते हो तो सुनो थाम के अपना सीना
मैंने तज स्वर्ग स्वयम पृथ्वी को अपनाया था
मुझको मृत्यु ने सिखाया था मौज में जीना

मैंने देखा था मेरी गोद में बसते ये नगर
गूँजता रहता था घर घर में सर्वदा हर हर
लोग सूरज के साथ मुझमें स्नान करते थे
भोलेशंकर का द्वार द्वार ध्यान करते थे
जो भी मिल जाए राजपाट मान लेते थे

एक अंगोछे को बिछा ठाठ जान लेते थे
उनको आनन्द था आनन्द की बातें करते
अन्नपूर्णा के कृपापात्र थे जीते मरते
खो गया दौर वो, ये दौर नया आया है
ये नया दौर नए रंगों तौर लाया है

ये चिलमबाज, भंगेड़ी, ये शराबी युवक
जिनकी आँखों में हवस होंठ पे भद्दी गारी
ये नये लोग हैं, काया पे गुदाए दर्शन
इनके ही पास है अब धर्म की ठेकेदारी

देखती रहती हूँ इन चंठों की सब नादानी
और हुई जाती हूँ ख़ुद शर्म से पानी पानी ...!!

5/3/2025

(भारतरत्न स्व. बिसमिल्लाह खाँ की स्मृति में उनके जन्मदिन पर)

राधा रानी

जब मैं इस दुनिया में आया
झूम के तुमने 'सोहर' गाया
ढोल बजाती, देती ताली
मेरी प्यारी गाने वाली।।

कैसा सुन्दर रूप तुम्हारा
गोरा-गोरा प्यारा-प्यारा
कानों में सोने के झुमके
माथे पे बिंदिया अंगारा
माँग भरे सिन्दूरी लाली
मेरी प्यारी गाने वाली।।

गाने गाती और बतियाती
गोदी ले माथा सहलाती
चित्र खींच कर रख देती थी
जब वो कोई कथा सुनाती
शब्द-सुमन की गुम्फ़ित-डाली
मेरी प्यारी गाने वाली।।

ढोल पे उँगली थिरका करती
कण्ठ भजन-सुर-सरिता झरती
नयनों में भक्ति के दीपक
अधर माधुरी खेला करती
सर पर आँचल रहे सँभाली

मेरी प्यारी गाने वाली।।

भाग्य कभी उनका ना जागा
काल सुखद क्षण ले-ले भागा
जीवन साथी साथ न ठहरा
तोड़ गया ममता का धागा
हँस-गाकर दु:ख सहने वाली
मेरी प्यारी गाने वाली।।

कितना दिया मुझे बिन बोले
कितने अनुभव मुझमें घोले
मैंने उनकी गूँज सुनी है
जब भी अपने शब्द टटोले
मुझमें ज्ञान जगाने वाली
मेरी प्यारी गाने वाली।।

मेरे सुख दु:ख की साथी वो
जब मिलतीं कुछ समझातीं वो
कण्ठ थका हो, श्वांस कठिन हो
जब कह दूँ मैं, तब गाती वो
प्रेम सुधा बरसाने वाली
मेरी प्यारी गाने वाली।।

दिल की सच्ची, समय की पक्की
समय हुआ उठ जाती थी वो
कितना मान-मनौवल कर लो
जाना है तो, जाती थी वो
आज सुना है 'नहीं रही वो'
अभी यहीं थी/कहीं नहीं वो
समय की पक्की/समय हुआ तो
उठी अचानक, 'चली गई वो'

मन कहता है फिर आयेंगी
मैं कह दूँगा, वो गायेंगी
मुझे नहीं बिसराने वाली
मेरी प्यारी गाने वाली।।

17/01/2016

(श्रीमती राधा रानी के देहान्त पर लिखी गयी 15/1/2016)

हिन्दी

‘ख़ुसरो की जाई अलबेली
मलिक मुहम्मद गोदी खेली
सूरदास/रसखान दुलारी
तुलसी और रैदास की प्यारी
मीरा जैसी बहन निराली
अक्षर-अक्षर प्रेम पियाली
भारतेन्दु-सा भाई पाया
शुक्ल-द्विवेदी तेरी छाया
पन्त-प्रसाद-निराला साथी
महादेवी माथा सहलाती
बच्चन-दिनकर चरण दबाते
मुक्तिबोध तलवार सिखाते
कवि दुष्यन्त-उदय जब आते
ग़ज़लों की माला पहनाते
भारत-भाल सुशोभित बिन्दी
जयति भारती
जय जय हिन्दी...’

10/1/2016

(हिन्दी दिवस पर)

रहमत

‘चैत का सूरज
सबेरा चढ़ते-चढ़ते
धूप के आईने रख देता सड़क पे
घर की हर दीवार को सुलगाता जाता
खिड़कियों से भी तपिश छलकाता जाता
खूबसूरत धूप
लेकिन गर्म कितनी....
मैं सड़क के सामने
जो घर का आहाता है
उसमे झूमते इक पेड़ के नीचे हूँ बैठा
ये हवा चैती जो मुझको छू रही है
बस न पूछो
किस कदर मदहोश करती/
सोचता हूँ-
ये जो सायदार मुझ पर मेहरबाँ है
किस तवक़्क़ो में है?
क्या ये चाहता है ?
बे-ग़रज़ याँ कौन किसको पूछता है..?
सोचता हूँ फिर-
कि सींचा था किसी ने
शायद उस एहसान के नीचे दबा है

या सवाबों का है इसको इल्म
जिसके वास्ते ये छाँव बाँटे जा रहा है...
दफ़अतन..!
ये एक पत्ती आ गिरी काँधे पे मेरे
जैसे कोई दर्द में ढाँढस बधाएँ
जैसे कोई कान में ये फुसफुसाए
'खुश रहो! अल्लाह सब कुछ देखता है
खुश रहो! जो कुछ है सब उसका किया है...'

11/04/2016

नवा तमासा

नवा तमासा देखा बहिनी
नवा तमासा देखा...

कुक्कुर नियर चरित्तर बाटे
तेपर रूप धरें अवधूता
ई सब धरम करम का समझें
बस लतियावा मारा जूता...

भोले के नगरी में रहिके
नाम बिगाड़े सब भोला के
ऊ पी जावें जग के माहूर
ई रिरियावें भंगोला के...

मरघट डोम, मृतक, शोकाकुल
रहें, बतावें बूढ़ पुरनियाँ
चाहे रहें अघोरी नागा
ई सब का हौ भांड़ नचनिया...

त्योहारी के नाम लगा के
ससुरा सब शमशान बिगाड़े
एकर ओकर जेकर राखी
केकर केकर धाम उजाड़ें...

खाली गांजा भांग पीए से
कोई महादेव ना होला
त्रिपुरारी के भगति खातिर
दान पुण्य के अंटी खोला...

काशी आवा, गंग नहावा
माई पग फइलावा झोली
रंग अबीर गुलाल उड़वा
गले लगा के खेला होली...!!

7 मार्च 2025

(काशी के पवित्र श्मशान घाट पर विगत कुछ वर्षों से 'चिता होली' के नाम से होने वाले एक अत्यंत फूहड़ और अधार्मिक कृत्य के विरोध में लिखी यह काशिका कविता)

सुन्दर संसार

एक सुन्दर संसार में
राजा और राजनेता नहीं होंगे!

एक सुन्दर संसार में
सेना हथियार छोड़ चुकी होगी!

एक सुन्दर संसार में
न्यायालय बन्द हो चुके होंगे।

एक सुन्दर संसार में
हृदय ही अधिवक्ता होगा।

एक सुन्दर संसार में
विधि की पुस्तकें संग्रहालय में मिलेंगी।

एक सुन्दर संसार में
चिकित्सक और शिक्षक
धनवान नहीं अपितु हृदयवान होंगे।

एक सुन्दर संसार में
किसान और कवि
सबसे अधिक धनवान होंगे।

एक सुन्दर संसार में
विवाह केवल दो व्यक्तियों के
मध्य ही होगा।

एक सुन्दर संसार में
मनुष्य अपने बच्चे जन्मना छोड़ देंगे और
कुछ मनुष्यों को निर्मित करेंगे।

एक सुन्दर संसार में
विद्यालय नहीं होंगे उनके स्थान पर प्रज्ञालय होंगे।

एक सुन्दर संसार में
धन का अर्थ कुछ भी सुन्दर और मूल्यवान होगा।

एक सुन्दर संसार में
नग्नता पूज्यनीय होगी
और आवरण विलास मात्र।

एक सुन्दर संसार में
सहवास आनन्द का विषय होगा
न कि उत्तेजना मात्र का।

एक सुन्दर संसार में
प्रीत लैंगिक आधार पर नहीं
हार्दिक आकार पर निर्भर होगी।

एक सुन्दर संसार में
मित्रता ही मनुष्यता का
परिचय रह जायेगी।

एक सुन्दर संसार में
दया की आवश्यकता नहीं रह जायेगी
क्योंकि लोग करुणा से भरे होंगे।

एक सुन्दर संसार में
भीड़ राजनेताओं के पीछे नहीं
कवियों-कलाकारों के पीछे होगी।

एक सुन्दर संसार में
लोग अपने जीवन के स्थान पर
'मात्र जीवन' की चिन्ता करेंगे।

एक सुन्दर संसार में
ईश्वर सबसे महत्त्वपूर्ण होगा
और वह सर्वव्यापी है।

एक सुन्दर संसार में
सत्य खोज का नहीं
रोज़ का विषय होगा।

मैं और मेरी कविताएँ
उस सुन्दर संसार की प्रतीक्षा में हैं।।

12/12/2021

खेल

इतनी मौतें
फिर भी तोते
टर्राते हैं
कुत्ते सारे
गुर्राते हैं
कौवे सारे
चीख़ रहे हैं
गिद्ध टहलते
दीख रहे हैं
शोर शराबा
कोलाहल है
कोलाहल सब
ढक देता है
ढक देना भी
बड़ा हुनर है
ढका हुआ
गुम हो जाता है
गुम कर देना
कैसा फ़न है
खेल सियासत का
छन छन है..!!

22/02/2025

असभ्य जीव

असभ्य संसार में
भूमि पर पड़े हुए पक्षी भी
कौतूहल का विषय होते हैं
सभ्यता में मनुष्य की मूर्छा भी
उपेक्षित रहती है..!

असभ्य संसार में
नग्न स्त्री पुरुष
पंकज की भाँति
सरोवर में निष्पाप खिलते हैं
सभ्यता में मनुष्य
द्रौपदी की चीर लूटता है..!

असभ्य संसार में
वृक्ष पूर्वजों का आश्रय बनते हैं
सभ्यता में मनुष्य
जंगल जला कर घर बनाता है..!

असभ्य संसार में
भोजन केवल भूखे का होता है
सभ्यता में मनुष्य
अन्न के भण्डारण करते हुए

उसे मुद्राओं की भाँति
प्रयोग करता है..!

असभ्य संसार में जीव रहते हैं
सभ्यता में मनुष्य
और सभ्य मनुष्य कुछ भी हो
जीव तो नहीं रह जाता है...!

3 मार्च 2025